Danio Braga e Celio Alzer

Tradição, conhecimento e prática dos Vinhos

12ª edição

JOSÉ OLYMPIO
EDITORA

Associação Brasileira de Sommeliers
ABS
RIO

Reservam-se os direitos desta edição à
EDITORA JOSÉ OLYMPIO LTDA.
Rua Argentina, 171 – 3º andar – São Cristóvão
20921-380 – Rio de Janeiro, RJ – República Federativa do Brasil
Tel.: (21) 2585-2060
Printed in Brazil / Impresso no Brasil

Atendimento e venda direta ao leitor:
mdireto@record.com.br
Tel.: (21) 2585-2002

ISBN 978-85-03-00749-8

Capa: Interface Designers/Sergio Liuzzi

CIP-Brasil. Catalogação-na-fonte
Sindicato Nacional dos Editores de Livros, RJ.

B793t
12ª ed.

Braga, Danio
Tradição, conhecimento e prática dos vinhos / Danio Braga, Celio Alzer. – 12ª ed. – Rio de Janeiro: José Olympio: ABS, 2010.

Inclui bibliografia
ISBN 978-85-03-00749-8

1. Vinho e vinificação – Brasil. I. Alzer, Celio. II. Associação Brasileira de Sommeliers. III. Título.

10-0690

CDD – 641.220981
CDU – 641.87.2(81)

Sumário

Apresentação

Beber é, sem dúvida, um dos grandes prazeres da vida. Beber vinho, um prazer maior ainda. Porque o vinho não é apenas, como dizia Pasteur, "a mais sã e higiênica das bebidas". É uma bebida que tem o poder mágico de reunir pessoas, provocar a conversa inteligente e, acima de tudo, fazer amigos.

Forjado na longa convivência com o vinho, o produtor Oscar Guglielmone costumava divertir seus muitos amigos com uma história em que concluía que o bebedor de vinho é sempre uma pessoa equilibrada. E nós sabemos que as vítimas de um dos grandes males de nosso tempo, o alcoolismo, nunca são consumidores habituais de vinho, mas de outros tipos de bebida.

Mas se o vinho tem todas essas virtudes, por outro lado é também um "ilustre desconhecido" — especialmente em nosso país, que, comparado aos tradicionais países produtores, ainda ensaia seus primeiros passos na ciência (e por que não nas "artes"?) da vitivinicultura.

Quantos de nós, no momento de abrir uma garrafa, sabemos o que existe dentro dela? Vinho, sim, é verdade, mas também anos e anos de duros e nobres esforços, de cuidados, carinho, preocupações e entusiasmo de milhares de colonos e técnicos, que trabalham exaustivamente para nos oferecer essa bebida inigualável.

E quantos sabemos interpretar as informações que recebemos daquele vinho? Definir as sensações que experimentamos? Traduzir em palavras, usando a terminologia correta, aquelas experiências?

Nosso objetivo aqui — como em todas as atividades da Associação Brasileira de Sommeliers — é esclarecer e divulgar, contribuindo assim para que mais e mais pessoas se interessem pela matéria e tenham condições de apreciar melhor o vinho que escolherem.

Degustar um vinho e discorrer sobre suas características não é nenhum mistério ou privilégio de alguns poucos conhecedores. É uma capacidade que se desenvolve aos poucos, fruto da soma de conhecimentos, experiências pessoais e coletivas. O presente trabalho representa a nossa contribuição. Se tiver alguma utilidade, o mérito deve ser creditado ao vinho, que amamos e que nos inspira.

1

História da vitivinicultura brasileira

Aqui estão, através de um quadro sinóptico, as principais etapas do desenvolvimento da vitivinicultura brasileira, desde a introdução da vinha no Brasil até os dias atuais:

- 1532 — chegada ao Brasil de Martin Afonso de Souza, donatário da capitania de São Vicente. Entre os membros dessa expedição estava Brás Cubas, comprovadamente o primeiro viticultor a cultivar a vinha no Brasil.
- 1626 — primeiro registro histórico da cultura da videira no Rio Grande do Sul, quando o jesuíta Roque Gonzáles da Santa Cruz, vindo de Buenos Aires, atravessa o rio Uruguai para fundar no Brasil a primeira missão. Interessante observar que, até essa época, a região era freqüentada pelos bandeirantes, que não tinham qualquer propósito de se fixar; aos jesuítas, ao contrário, cujo objetivo era a catequese, interessava criar comunidades estáveis — e, para isso, o cultivo da vinha era ideal.
- Final do século XVIII — introduzidas no Brasil as primeiras videiras americanas, uma vez que a *Vitis*

vinifera não prosperava. Uma das primeiras videiras americanas experimentadas aqui foi a Cape.

- 11 de março de 1813 — decreto de Dom João VI, reconhecendo ter sido o açoriano Manoel de Macedo Brum da Silveira o primeiro a plantar a videira e a elaborar vinho na capitania de Rio Grande.
- 1840 — Thomas Messiter introduz a variedade Isabel na Ilha dos Marinheiros.
- 1870/1875 — início do grande surto da vitivinicultura riograndense e brasileira, com o incremento da colonização italiana no Sul do país.
- 1970 — chegada ao Brasil das primeiras multinacionais, que passaram a investir na tecnologia, no incentivo aos agricultores para que colhessem as uvas em perfeito estado e no plantio de castas nobres.
- Anos 80 — grande desenvolvimento tecnológico, com a introdução de prensas modernas, novas técnicas de vinificação em branco e emprego do aço inoxidável, entre outros avanços.
- Anos 90 — crescimento das empresas familiares, através da formação de uma nova geração de enólogos e de grandes investimentos no campo e em tecnologia de vinificação. Primeiras experiências de implantação do agroturismo.

Regiões vitivinícolas brasileiras

A vitivinicultura brasileira é praticada quase que exclusivamente nos estados do Rio Grande do Sul, São Paulo, Santa Catarina, Paraná, Pernambuco/Bahia e Minas Gerais.

Segundo a Uvibra (União Brasileira de Vitivinicultura), nossa produção, em 1999, foi de 427.2 milhões de quilos de uvas, sendo 368.5 milhões de uvas americanas e híbridas (destinadas ao consumo *in natura* e à produção de vinhos comuns e sucos) e 58.7 milhões de quilos de viníferas (para a produção de vinhos finos). No mesmo ano, a produção de vinhos foi de 272.351.273 litros, sendo 45.830.497 litros de vinhos finos.

O Brasil é o décimo sétimo produtor mundial de vinhos. Os maiores produtores são França, Itália, Espanha, EUA, Argentina e África do Sul, todos com mais de 1 bilhão de litros anuais. Nosso consumo *per capita* é inferior a 2 litros/ano.

As principais regiões produtoras brasileiras são as seguintes:

RIO GRANDE DO SUL — maior produtor brasileiro de uvas e de vinhos, está dividido em duas zonas distintas:

- Serra Gaúcha ou Serra do Nordeste — compreendendo os municípios de Caxias do Sul, Bento Gonçalves, Garibaldi, Farroupilha, Flores da Cunha e outros. Cortada pelo paralelo de 29°, com altitudes de 600 a 1.000 metros e precipitação pluviométrica média de 1.830 mm anuais. Os solos são ácidos e arenosos, resultantes da decomposição do basalto.

- Campanha Gaúcha — no extremo sul do estado, situada na latitude de 31°, tem uma topografia plana, o que facilita a mecanização. A média de chuvas é de 1.375 mm anuais. Solo de reduzida acidez, arenoso e com boa drenagem. Os principais municípios são Santana do Livramento, Dom Pedrito, Pinheiro Machado e Bagé.

Nos últimos anos, duas outras áreas vêm sendo objeto de experiências de algumas vinícolas: a Serra de Sudeste e a região de Davi Canabarro, cerca de 200 quilômetros ao norte de Bento Gonçalves. Ainda assim, mais de 90% dos vinhos finos brasileiros saem da Serra Gaúcha.

SÃO PAULO — segundo maior produtor brasileiro de uvas, com cerca de 90% de uvas comuns (especialmente a Niágara), sua produção destina-se principalmente ao consumo *in natura*. Os principais centros produtores de vinho são São Roque e Jundiaí.

SANTA CATARINA — a maioria absoluta é de uvas americanas e híbridas, principalmente Niágara e Isabel. Dentre os 7% de viníferas, destacam-se as tintas Cabernet Franc e Merlot. A região mais importante é o alto vale do rio do Peixe (municípios de Arroio Trinta, Caçador, Friburgo, Pinheiro Preto, Rio das Antas, Salto Veloso, Tangará e Videira). Recentemente, começaram a ser implantados vinhedos em São Joaquim.

PARANÁ — a maior parte da produção, quase toda de uvas comuns, está concentrada em torno de Curitiba, a capital do estado.

MINAS GERAIS — pequena produção, quase totalmente de uvas comuns, concentrada no Planalto Sul, em torno do município de Andradas (Caldas, Santa Rita de Caldas e Poços de Caldas).

PERNAMBUCO/BAHIA (MÉDIO VALE DO RIO SÃO FRANCISCO) — em pleno semi-árido nordestino, essa microrregião compreende principalmente os municípios pernambucanos de Floresta, Santa Maria da Boa Vista, Petrolina e Lagoa Grande, e de Casa Nova, na Bahia. Segundo maior produtor brasileiro de uvas finas, o Vale do São Francisco tem uma precipitação pluviométrica média de apenas 400 mm por ano, com uma temperatura média de 28°C e baixa umidade do ar — graças a essa conjugação de fatores, o grau glucométrico é superior ao das uvas do Sul do país. As videiras recebem água pelo sistema de irrigação artificial e o repouso vegetativo da planta é obtido através da interrupção do fornecimento de água. Desse modo, é possível se conseguir duas safras por ano ou até mesmo cinco safras a cada dois anos.

REGIÃO DO CERRADO — já existem vinhedos experimentais implantados no município de Santa Helena de Goiás, no sudoeste do estado, a 205 quilômetros de Goiânia. Com o aval da Embrapa, estão sendo plantadas principalmente uvas comuns.

2

Viticultura

Classificação botânica e castas

A videira é uma planta sarmentosa, pertencente à família das vitáceas. Dentre os cerca de quarenta gêneros dessa família, o mais importante é o gênero Vitis. Inúmeras são as espécies pertencentes a esse gênero, mas as de maior interesse econômico podem ser agrupadas em videiras européias, americanas e híbridas.

a) VIDEIRAS EUROPÉIAS (*Vitis vinifera*) — as variedades que apresentam melhor qualidade pertencem a esta espécie, que ocupa a maior parte da área cultivada com videiras no mundo. São plantas exigentes quanto às condições de clima, preferindo os secos, com baixa umidade relativa do ar e bastante insolação. No Brasil, muitas variedades são cultivadas e destinadas à vinificação, entre elas: Trebbiano, Riesling Itálico, Chardonnay, Sauvignon Blanc, Malvasia, Moscato, Sémillon (brancas); Cabernet Franc, Cabernet Sauvignon, Merlot, Bonarda, Gamay, Pinot Noir (tintas). Para o consumo *in natura*, as castas mais plantadas são: Itália ou Piróvano 65, Moscatel de Hamburgo e Moscatel rosado.

b) VIDEIRAS AMERICANAS (*Vitis labrusca, Vitis bourquina*) — são as mais cultivadas no Brasil, por sua maior rusticidade e resistência às doenças e pragas, além de tolerarem melhor uma alta umidade relativa. As variedades da espécie *labrusca* são de qualidade inferior para vinificação, porém ótimas para a produção de sucos e muito apreciadas para o consumo *in natura*. Dentre as variedades de *labrusca* mais plantadas no Brasil estão a Isabel, Concord, Niágara branca, Niágara rosada e Bordô. As variedades de *Vitis bourquina* mais produzidas no Brasil são a Herbemont e a Jacquez, que podem ser utilizadas na elaboração de vinhos comuns e destilados.

c) VIDEIRAS HÍBRIDAS — provenientes de cruzamentos, de uma maneira geral apresentam maior resistência às moléstias e pragas do que as viníferas, tendo qualidade um pouco superior às americanas para efeitos de vinificação. Por muito tempo receberam a denominação de "híbridos produtores diretos", já que eram plantadas em pé-franco — isto é, diretamente no solo — por apresentarem resistência à filoxera. Estão neste grupo os porta-enxertos mais utilizados, todos de origem americana, apresentando como principal característica a alta resistência à filoxera na sua forma radicular.

Solo e exigências climáticas

As zonas mais favoráveis para o cultivo da videira estão localizadas entre os paralelos 34° e 45° norte, e 31° e 38° ao sul.

A videira é uma planta que se adapta a diversos tipos de solo, à exceção daqueles muito úmidos e turfosos. O solo tem grande influência sobre a qualidade do produto final, tanto assim que, numa mesma região, encontram-se áreas que, apesar da identidade do ambiente, produzem melhores vinhos que outras.

Todo terreno que possui uma camada impermeável de argila ou um lençol freático a pouca profundidade, não é próprio para a videira. Isso porque, por ser uma planta de grande longevidade e possuir raízes que se desenvolvem em diversas profundidades, a videira necessita de um terreno onde seu sistema radicular possa se desenvolver normalmente, encontrando os elementos nutritivos indispensáveis ao seu crescimento.

Os melhores terrenos para a videira são os de textura mediana, com bom teor de matéria orgânica. No entanto, solos muito férteis levam a grandes rendimentos, o que geralmente significa uma menor qualidade dos mostos. Portanto, o excesso de vigor da planta, devido aos solos muito férteis, proporciona um vigor vegetativo exagerado, em detrimento da qualidade da uva e do vinho.

A zona temperada é a que mais convém à fisiologia da videira, que necessita de invernos frios, primaveras moderadas e verões quentes e secos. Frio intenso e calor prolongado são prejudiciais à planta. Dias longos, sem nuvens ou nevoeiros no verão são bastante favoráveis.

Dificilmente a videira sobrevive em temperaturas inferiores a 15°C negativos; por outro lado, nas regiões onde o clima é sempre quente, ela continua seu processo de maturação, e o fruto amadurece de maneira desregulada, prejudicando sua vitalidade. Grande importância tem o fator luz: a videira é sedenta de sol, precisa de dias serenos e luminosos — tanto que se classifica entre as plantas heliófilas.

A planta. Técnicas vitícolas e sistemas de plantio

Para que se possa compreender melhor certas operações que devem ser feitas no vinhedo, é preciso conhecer um pouco da morfologia e da fisiologia dos principais órgãos da videira.

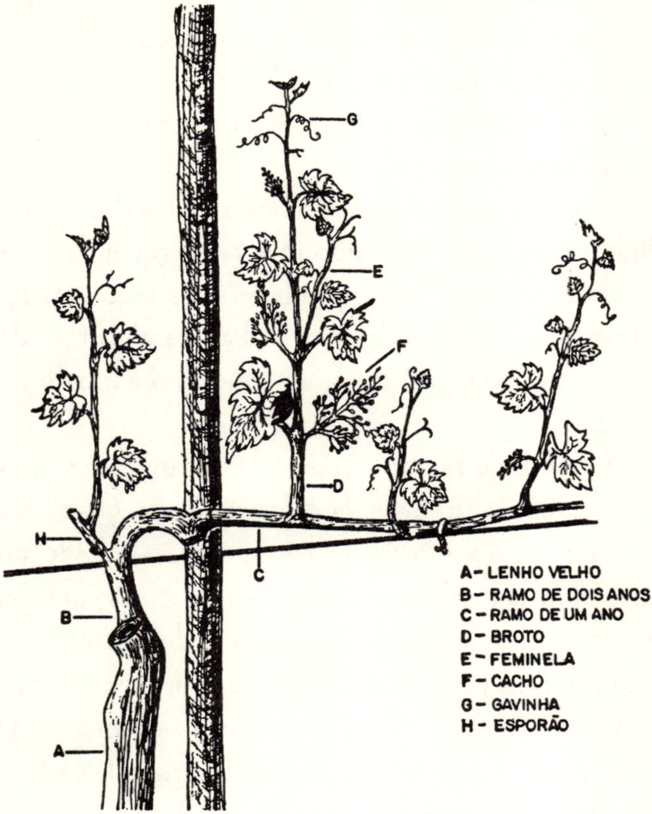

Parte aérea da videira com os principais órgãos.
(Embrapa — Circular Técnica n.º 10)

As raízes, além de fixarem a planta ao solo, têm como função retirar do solo a água e os nutrientes necessários à sobrevivência da planta. Uma característica curiosa das raízes é que elas se desenvolvem em ângulo geotrópico — como degraus de uma escada. Pode-se deduzir, daí, a resistência da videira durante os períodos de seca: maior, se o ângulo for pequeno; menor, se o ângulo for grande.

O tronco, caule ou cepa é o sustentáculo dos ramos, folhas, flores e frutos, sendo formado principalmente por feixes de vasos lenhosos e liberianos encarregados do transporte da seiva bruta e elaborada. A altura do tronco varia com o sistema de condução adotado no vinhedo.

Os ramos da videira recebem denominações distintas, de acordo com sua idade. Na primavera, quando se inicia a brotação, são chamados de brotos; quando adquirem um tamanho maior, são chamados de varas ou sarmentos. Os sarmentos apresentam, de distância em distância, uma proeminência chamada nó, sobre o qual encontram-se, de um lado, as folhas e as gemas; e no lado oposto, os cachos e as gavinhas (órgãos de sustentação que, prendendo-se a pontos de apoio, permitem ao tronco manter sua posição vertical).

As folhas são órgãos importantíssimos, verdadeiro laboratório onde são elaborados os compostos orgânicos utilizados pela planta para a formação de seus diferentes tecidos. Quanto às flores da videira, são hermafroditas — ou seja, possuem ambos os órgãos, masculino e feminino.

O fruto da videira — o grão ou bago — é constituído de uma parte externa, a casca, que, por sua vez, é recoberta por uma substância cerosa, a pruína, onde se concentram as leveduras. A casca é muito importante do ponto de vista enológico, pois é rica em substâncias corantes, taninos e substâncias aromáticas. A parte interna do grão é a polpa. E, no coração do grão, localizam-se as sementes.

A primeira fase do ciclo vegetativo da planta é chamada, poeticamente, de "o choro da videira" — porque os ramos, recém-podados, transpiram um líquido incolor. O "choro" começa em meados de outubro, e daí até o início da colheita decorrem 120 dias. Depois dessa primeira fase, seguem-se a brotação, com a formação das folhas e das gemas; a maturação propriamente dita; e a queda das folhas, que corresponde à chegada do inverno, quando a planta inicia seu repouso vegetativo.

A FILOXERA — Antes de falar das técnicas de cultivo da videira, é preciso fazer referência a um acontecimento que, na metade do século XIX, revolucionou completamente a viticultura mundial. Trata-se de uma praga, conhecida como "filoxera", que provocou verdadeira devastação nos vinhedos, especialmente da Europa.

A filoxera, que passou da América para a França através de videiras importadas do continente americano, é um minúsculo inseto, um pulgão que ataca sobretudo o sistema radicular da videira, sugando da planta as seivas vitais e levando-a à morte. Quando o ataque é muito intenso, as folhas ficam totalmente deformadas, cobertas de verrugas.

As videiras de origem americana desenvolveram um sistema de resistência e adaptação aos efeitos da filoxera; as videiras européias, ao contrário, são extremamente sensíveis ao mal.

Quando a filoxera começou a se manifestar, causando enorme destruição, remédios de todo tipo passaram a ser empregados, na tentativa de conter sua ação. Alguns até eram verdadeiramente extravagantes: urina, fuligem, alho amassado. Mas a solução veio através das próprias videiras americanas, portadoras da praga: por sua resistência à filoxera, elas funcionam otimamente como porta-enxertos ou "cavalos". A partir dessa descoberta, passou-se a enxertar as videiras européias (*Vitis vinifera*) no tronco das videiras americanas. E desde então, com poucas exceções, eliminou-se o plantio em pé-franco, isto é, diretamente no solo. O único país que jamais teve problemas com a filoxera é o Chile. Segundo alguns, o inseto não tem condições de sobrevivência num solo tão rico em cobre. Mas a verdade é que o Chile desfruta de excepcionais condições naturais, protegido, ao norte, pelo deserto de Atacama, o mais árido do mundo; ao sul, pelas terras geladas; a leste, pela cordilheira dos Andes; e a oeste, pelo oceano Pacífico. Este fato, e mais um rígido controle sanitário dos produtos vegetais que entram no país, explica a ausência de pragas como a filoxera.

TÉCNICAS VITÍCOLAS — Como todas as outras plantas, a videira tem seu ciclo vital, que independe da ação do homem. Ela é um dos muitos presentes da natureza, que nasce, cresce e frutifica, graças ao solo que a hospeda e nutre; ao sol, que a aquece e lhe dá força; e à chuva, que lhe tira a sede.

Mas, como no caso de outros vegetais que servem para a nossa alimentação, o trabalho e o empenho humano revelam-se preciosos, desenvolvendo, racionalizando e melhorando a produção e a qualidade dos frutos e dos vinhos.

A videira pode reproduzir-se por via sexual — por intermédio das sementes — ou através da multiplicação das gemas e enxertos. Geralmente não se usa a reprodução natural, pois não permite a seleção das variedades desejadas; mas ela continua a ter valor para os estudiosos, sempre à procura de novos tipos de plantas, mais resistentes e produtivas.

A multiplicação por muda é feita normalmente por intermédio de sarmentos com pelo menos duas gemas. A muda, plantada em sentido vertical no terreno, emite raízes na parte inferior, e um broto na porção superior. Os sarmentos são enterrados em terrenos particularmente aptos (os viveiros), transformando-se em bacelos — jovens videiras prontas para serem transplantadas no parreiral definitivo.

Muito importante também é a multiplicação por mergulhão, que consiste em enterrar um pequeno broto de um sarmento que ainda é parte da videira, fazendo despontar novas raízes e brotos. Depois de dois ou três anos, pode-se separar a nova planta da videira-mãe e deixá-la viver sua própria vida.

O enxerto tem características e finalidades diferentes dos dois sistemas de propagação por gema. Já dissemos, a propósito da invasão da filoxera, que o mérito maior da técnica de enxertia foi a salvação e conservação do valioso patrimônio vitícola europeu e mundial. O enxerto consiste em plantar, sobre um tronco de uma videira, um fragmento de outra planta provido de pelo menos uma gema.

Atualmente, é prática comum em todo o mundo a compra de mudas já enxertadas, produzidas por empresas especializadas. Na Serra Gaúcha, por exemplo, usa-se muito mudas importadas da Itália e da África do Sul.

A PODA — Qualquer pessoa que excursione por uma região vinícola, irá parar para admirar as parreiras, que se estendem sobre o terreno com geométrica precisão. Os galhos, colocados um a um sobre os suportes, para que recebam todos, igualmente, a luz vivificante e a chuva restauradora; os belos cachos, que o sol doura e faz brilhar, com suas uvas — pequenas e verdes, quase tímidas, no início, depois túrgidas e viçosas.

Mas talvez a pressa não nos permita imaginar todo o cansaço e os cuidados exigidos do colono, para que aquele espetáculo, admirável na sua simplicidade, possa se oferecer aos nossos olhos.

A videira é uma planta que certamente recompensa o suor de quem a cultiva. Mas é como um ser ciumento, que não tolera abandono ou traição; ao contrário, exige afeto e dedicação incondicionais. Se os momentos mais importantes da viticultura têm inspirado poetas, músicos e pintores, isso não se deve apenas à beleza mística da videira e do vinho, mas também à particular vocação (e neste caso o termo é verdadeiramente apropriado) dos colonos e vinhateiros para o duro e nobre trabalho; à serena paciência de saber esperar tempos melhores, quando as adversidades da estação provocam a perda dos frutos tão desejados.

Dentre as várias operações que o cultivo da videira exige, a mais importante sem dúvida é a poda — tanto, que não é errado afirmar que nela está o segredo da produção.

A poda consiste na eliminação de parte dos ramos da planta, com o objetivo de regular a produção, tornando-a constante, econômica e de boa qualidade, além de facilitar o controle das doenças.

A poda tem como propósito equilibrar o sistema vegetativo da planta, que, de outro modo, seria levada a expandir-se excessivamente, com o desenvolvimento exagerado de sarmentos e folhas, em prejuízo das flores e frutos. Com a poda, procura-se manter constante a produção, evitando um trabalho excessivo da planta, que certamente se ressentiria, além de provocar um menor rendimento em certos anos.

A poda é uma espécie de programação que pretende dar um justo equilíbrio aos vários órgãos da planta, de modo que sua parte aérea seja proporcional à dimensão das raízes; e que a seiva nutritiva seja repartida da melhor maneira, para que a videira dê os melhores frutos possíveis.

A poda é tão antiga quanto a própria videira, e tem sido objeto de profundos estudos, visando a descobrir os melhores e mais racionais métodos e épocas de atuação. Pode-se diferenciar uma poda curta de uma longa, com relação ao comprimento dos sarmentos podados; uma dita pobre de uma rica, dependendo do número de gemas deixadas. A adoção de um ou outro desses sistemas é feita com base na idade e robustez da planta, além da fertilidade do terreno e das condições ambientais.

A melhor época para podar está sempre ligada ao clima, já que é da poda que dependem os períodos de brotação e maturação. Não deve ser muito precoce — para evitar que os brotos sejam golpeados pelas variações bruscas de temperatura no início da primavera —, mas também não pode ser tardia, o que atrasaria a maturação dos frutos.

Esses problemas são mais pronunciados na Europa, onde os climas são bem mais rigorosos e as estações mais definidas do que no Brasil.

SISTEMAS DE PLANTIO — Os principais sistemas de plantio são os seguintes:

- *Latada ou pergolado* — em sentido horizontal, é um sistema útil em regiões com altos índices pluviométricos (Serra Gaúcha, por exemplo) ou em regiões onde é preciso ter um rendimento por hectare elevado, para a obtenção de uvas de baixo teor alcoólico destinadas à destilação (região de Cognac). Alta produtividade, em detrimento da qualidade, já que a insolação é insuficiente.
- *Espaldeira* — em sentido vertical, em fileiras paralelas, é o melhor sistema para a obtenção de uvas de alta qualidade, devido à perfeita insolação, que permite o melhor amadurecimento dos grãos. Este sistema vem sendo desenvolvido no Brasil há poucos anos, especialmente na Campanha Gaúcha, devido às condições topográficas; e nas regiões mais modernas do mundo, onde é possível a mecanização da lavoura.

• *Árvore* — planta com aproximadamente 80 cm de altura. Sistema utilizado em regiões onde o índice pluviométrico é muito baixo, para captar o máximo de umidade retida no solo. Ex.: Châteauneuf-du-Pape e La Mancha.

Inimigos da videira

Durante seu ciclo vegetativo, a videira sofre diversas ameaças, tanto de origem climática, quanto doenças e pragas provocadas por fungos e vírus. Dentre as primeiras, destacam-se a geada e o granizo, inimigos naturais que prejudicam a planta sobretudo na época da brotação, causando a queima das flores (geada) ou quebrando os galhos jovens (granizo).

As principais doenças e pragas são as seguintes:

ANTRACNOSE — também conhecida como "varíola", costuma surgir com a ocorrência de chuvas freqüentes, ventos frios e umidade elevada. O fungo afeta todas as partes verdes da planta: nos brotos, ramos e gavinhas, aparecem lesões (cancros) de bordos negros e centro mais claro; nas folhas, formam-se pequenas manchas escuras; nos grãos, surgem manchas arredondadas. Quando o ataque ocorre na fase da floração, observa-se um escurecimento e destruição das flores. Como medida preventiva, deve-se evitar o plantio em baixadas úmidas e em locais expostos aos ventos frios.

MÍLDIO OU PERONOSPORA — é a doença fúngica mais comum da videira. As condições climáticas propícias ao seu desenvolvimento são tempo quente e umidade elevada. O fungo afeta as folhas, brotos, flores e grãos, sendo as folhas as mais atacadas: seus tecidos acabam secando e, quando o ataque é muito intenso, ocorre uma desfolha precoce da planta. O melhor remédio para esse mal é a aplicação da calda bordalesa, que é preparada dissolvendo-se sulfato de cobre e cal virgem em água.

OÍDIO — moléstia muito comum nas regiões de clima quente. A característica principal da presença do fungo nos órgãos da planta é a ocorrência de um pó acinzentado, que se desprende facilmente; outro sintoma típico é a rachadura dos grãos, provocando a exposição das sementes. Essa moléstia é controlada com eficiência pela aplicação de enxofre.

PODRIDÃO CINZENTA — causada pelo fungo *Botritys cinerea*, é também conhecida como mofo cinza. A umidade alta, devida à ocorrência de chuvas, é o fator mais importante para o desenvolvimento dessa doença. Para melhor controlá-la, deve-se propiciar à planta boa aeração e insolação, além de adotar práticas culturais como a poda verde e a adubação nitrogenada.

FUSARIOSE — moléstia do sistema vascular que ataca a planta através do solo. Considerado um dos maiores problemas da viticultura, pois quando presente no vinhedo causa a morte da planta. Seus principais sintomas são bordas das folhas secas, escurecimento dos vasos condutores dos ramos e murcha dos cachos. Como medidas preventivas, deve-se evitar o plantio em baixadas úmidas, fazer a correção do solo e empregar material de propagação sadio.

CIGARREIRO OU ENROLAMENTO FOLIAR — é a virose mais disseminada nos vinhedos brasileiros, mas os sintomas característicos — enrolamento das bordas das folhas, seguido de avermelhamento ou amarelecimento — são observados somente nas variedades viníferas. As plantas muito afetadas apresentam fraco desenvolvimento e baixa produtividade, além do que a uva não amadurece regularmente. O cigarreiro, como todas as viroses, é uma moléstia que só pode ser controlada através da seleção de plantas sadias, pois, se uma planta afetada for multiplicada, toda a sua descendência será doente.

INTUMESCIMENTO DOS RAMOS — este vírus apresenta uma característica peculiar: pode estar presente no pé-franco, mas somente irá se manifestar quando enxertado. Nesse caso, a doença provoca a morte do enxerto para cima. Os sintomas são semelhantes aos de outros vírus, com a planta perdendo vigor lentamente, brotação atrasada, folhas amareladas ou vermelhas e maturação irregular.

3

Vindima

Depois de um longo ano de trabalho e de preocupações, chega finalmente a época da colheita da uva — o momento mais esperado e emocionante, quando o agricultor mede o fruto de suas fadigas e o valor do trabalho de um ano inteiro.

A vindima deve ser feita quando a uva estiver perfeitamente madura, o que se consegue avaliar medindo seu conteúdo em açúcares, que deve permanecer constante durante alguns dias. Para isso usa-se o mostímetro, instrumento que, mergulhado no mosto conseguido pela espremedura de diversos cachos colhidos em lugares distintos do vinhedo, acusa a média açucarina daquela determinada variedade de uva.

Quando reanalisado o mosto poucos dias depois, se acusar um aumento dos açúcares, isso quer dizer que a uva ainda está amadurecendo, e portanto deve-se aguardar uma nova amostragem para decidir o momento certo de colhê-la.

A época da colheita varia de zona para zona, dependendo do clima e das estações: no Hemisfério Norte, é feita entre setembro e outubro; no Sul, entre janeiro e março. Conforme as condições climáticas, pode-se colher a uva ainda não totalmente madura, para evitar que ela venha a se estragar; ou atrasar a colheita, deixando formar-se sobre a uva a chamada "podridão nobre", como acontece nas regiões de Sauternes (França) e Tokaji (Hungria), entre outras.

O transporte até a cantina é feito em caixas plásticas higienizadas, furadas na parte inferior e com 20 kg de capacidade. A importância de colher uvas sadias e transportá-las nesse tipo de caixa é evitar que ocorra uma pré-fermentação, o que levaria a uma inevitável oxidação, obrigando o enólogo ao uso excessivo de anidrido sulfuroso no momento do recebimento das uvas na cantina.

4

Elementos constituintes do vinho

O vinho é uma bebida hidroalcoólica obtida a partir da fermentação do mosto da uva, que transforma os açúcares naturais em álcoois e anidrido carbônico.

Os principais elementos constituintes do vinho são os seguintes:

ÁGUA 85–90%

ÁLCOOIS

- Etílico .... 50–150 g/l
- Metílico .... 0,000–0,355 ml
- Superiores .... 0,14–1,72 g/l
- Glicerina .... 4–18 g/l

AÇÚCARES

- Frutose
- Glicose
- Arabinose
- Xilose

ÁCIDOS

- Tartárico .... 2–6 g/l
- Málico .... 0–5 g/l
- Cítrico .... 0,1–1,5 g/l

- Lático .... 1–1,5 g/l
- Succínico .... 0,5–1,5 g/l
- Acético .... 0,3–1 g/l

SUBSTÂNCIAS MINERAIS

Cátions:

- Potássio .... 180–1.700 mg/l
- Cálcio .... 40–170 mg/l
- Sódio .... 20–150 mg/l
- Magnésio .... 15–20 mg/l
- Ferro .... 8–35 mg/l
- Manganês .... 5–10 mg/l
- Alumínio .... 1–4 mg/l

Ânions

- Sulfatos
- Cloreto
- Sulfitos
- Tartaratos
- Fosfatos

COMPOSTOS ODORÍFEROS

- Acetato de etila (volátil) .... 20–150 mg/l
- Álcoois .... traços
- Aldeídos .... traços
- Ésteres .... traços
- Cetonas .... traços
- Terpenos .... traços
- Ácidos graxos .... traços

SUBSTÂNCIAS CORANTES E TÂNICAS

SUBSTÂNCIAS NITROGENADAS

ÁGUA — Pode parecer estranho começar a falar dos componentes do vinho justamente pela água. Mas é a substância presente em maior quantidade no vinho, numa proporção que varia de 85% a 90%.

Essa água faz parte dos componentes da polpa da uva e sua presença é fundamental, porque sem ela não poderiam se desenvolver todos os delicados e complexos fenômenos biológicos, físicos e químicos que formam a base da produção, maturação e envelhecimento do vinho.

Fique, porém, muito claro que o conteúdo de água da uva é suficiente para que ela cumpra seu papel: nunca se deve adicionar água ao vinho.

Essa adição, quando existe, é produto de fraude de produtores ou comerciantes desonestos, ou decorre da falta de informação do consumidor. A mistura de água altera completamente o equilíbrio dos vários componentes do vinho, modificando suas características organolépticas.

ÁLCOOIS — Álcoois, e não álcool. Não é por acaso que usamos o plural. De fato, são muitos os álcoois contidos no vinho e não só, como se pensa geralmente, o etílico ou etanol. Ele é realmente o mais importante qualitativa e quantitativamente, e deriva por via direta do açúcar do mosto. É o teor percentual de etanol que representa o grau ou graduação alcoólica do vinho.

Assim, um vinho de 12°GL (doze graus Gay-Lussac) tem 12% de álcool etílico, ou seja, 120 ml de álcool em cada litro de vinho.

A influência do álcool etílico sobre os caracteres organolépticos é notável e complexa, não só porque ele caracteriza o gosto do vinho — se há uma carência de álcool o vinho se apresenta débil, aquoso —, mas também porque serve de suporte para os aromas, sobretudo nos vinhos brancos.

Além disso, provoca nas mucosas da boca, do esôfago e do estômago uma sensação de calor ou de leve queimação, misturada às vezes a uma ligeira dor, por efeito de uma certa causticidade e pela desidratação dos tecidos.

Mas a ação principal do álcool etílico se dá nos vinhos secos, onde é a substância de gosto doce que mais contribui para lhes dar uma certa maciez.

Os outros componentes do grupo dos álcoois encontrados no vinho são o álcool metílico; os álcoois superiores, como o álcool propílico, o isobutílico e o isoamílico; e alguns poliálcoois, entre os quais a glicerina.

O metílico ou metanol está sempre presente, e se forma na maioria das vezes ao longo da fermentação. Seu percentual deve ser cuidadosamente controlado, pois é tóxico.

Os álcoois têm uma importância fundamental no vinho, pois, juntando-se entre si ou com os ácidos, dão origem aos éteres e ésteres, compostos responsáveis pelo perfume do vinho.

AÇÚCARES — Os principais açúcares encontrados no vinho são a glicose e a frutose. Na uva, geralmente encontram-se em partes iguais (de 15% a 25%), mas no vinho o açúcar residual em maior quantidade é a frutose, que é menos facilmente atacada pelas leveduras.

Nos vinhos secos, a glicose e a frutose estão abaixo de 2-3 g/l, enquanto nos tipos mais doces sua quantidade pode chegar a mais de 50 g/l.

Outros açúcares presentes no vinho são as pentoses, como a xilose e a arabinose, que não são fermentáveis.

Em vários países é permitida a adição de sacarose ao vinho, numa operação conhecida por "chaptalização", inventada por Jean-Antoine Chaptal, em 1799. O motivo dessa prática é a carência de açúcares naturais na uva, devido à localização do vinhedo e às condições climáticas adversas. Não se deve pensar que a adição de um açúcar estranho à uva seja uma fraude prejudicial ao vinho. Basta lembrar que países como a Alemanha e a França a permitem. No Brasil, a legislação admite que se obtenha até três graus de álcool através da chaptalização.

ÁCIDOS — Os ácidos do vinho provêm em parte da uva (ácido tartárico, málico, cítrico) e, em parte, são de origem fermentativa (ácido lático, succínico, acético).

Se estiverem em justa quantidade (de 5 a 6 partes por mil), estas substâncias conferem ao vinho vivacidade, sapidez e frescor; se, ao contrário, sua concentração for excessiva (de 9 a 10 partes por mil), o vinho se apresenta ácido, áspero, duro; se faltarem, o vinho fica insípido, mole, chato. Uma certa riqueza de acidez deixa o vinho com uma cor mais viva e brilhante.

O ácido tartárico é o mais típico da uva e do vinho. Muito resistente, raramente é atacado pelas bactérias láticas. Pela qualidade e quantidade, é o ácido que mais contribui para um pH ácido do vinho. Com seu gosto acídulo, transmite frescor e vivacidade, mas em excesso torna o vinho áspero, duro.

O ácido málico está muito presente no reino vegetal, principalmente nas frutas verdes. No vinho, sua concentração depende do grau de maturação da uva: em anos pouco favoráveis e com uvas não completamente maduras, seu teor no vinho é muito elevado, transmitindo um gosto áspero, embotante. É facilmente atacado pelas bactérias láticas, que o decompõem em ácido lático e anidrido carbônico, na chamada "fermentação malolática".

O ácido cítrico também provém da uva, e sua concentração é muito baixa no vinho. É facilmente atacado pelas bactérias láticas, tendendo assim a desaparecer no vinho. Tem um gosto acídulo, um pouco mordente.

O ácido lático normalmente deriva da fermentação do ácido málico, por ação das bactérias láticas; nos vinhos alterados, porém, pode derivar da fermentação dos açúcares, da glicerina e do ácido tartárico. Por apresentar um gosto menos áspero que o ácido málico, ao qual substitui, transmite ao vinho uma certa redondeza.

O ácido succínico forma-se durante a fermentação alcoólica e, além da característica de vinosidade que confere aos vinhos jovens, tem muita importância sobre a sapidez do vinho, já que tem um sabor misto (ácido, salgado e amargo).

O ácido acético é o único ácido volátil do vinho. Forma-se tanto durante a fermentação alcoólica, quanto durante a malolática, mas principalmente nas alterações microbianas, seja por ação das bactérias acéticas, seja por ação das bactérias láticas. Em doses relativamente baixas não tem influência no gosto do vinho; mas em quantidades maiores (superiores a sete partes por mil), acentua a dureza e a aspereza do vinho. Sua concentração normal varia de 0,3 a 1 g/l. Nas alterações microbianas, porém, pode aumentar muito.

ADSTRINGÊNCIA — As substâncias responsáveis pela adstringência são compostos de natureza fenólica chamados taninos. Os taninos podem ser de dois tipos: catéquicos e gálicos.

Os taninos catéquicos encontram-se principalmente no engaço, na casca e nas sementes da uva, e passam ao vinho por maceração dos grãos. Os vinhos tintos contêm até 3 g/l de taninos, enquanto os brancos têm apenas umas poucas dezenas de miligramas.

Os taninos gálicos, por sua vez, provêm da madeira das barricas e, portanto, são encontrados somente nos vinhos envelhecidos por esse processo. No decurso do envelhecimento, tendem progressivamente a polimerizar-se, perdendo cada vez mais a própria adstringência — porque, polimerizando-se, ficam sempre menos solúveis.

A sensação de adstringência é reconhecida porque os taninos, em contato com as mucosas da boca e da língua, subtraem água e ao mesmo tempo precipitam a mucina (proteína da saliva que lubrifica as mucosas), deixando a boca áspera ou com cica.

5

Vinificação

Colhidas as uvas, elas são transportadas para a cantina, onde serão submetidas a processos diversos, antes de se transformarem em vinho.

RECEPÇÃO, CLASSIFICAÇÃO E PESAGEM — Ao serem recebidas na cantina, as uvas são, primeiramente, classificadas e pesadas. A classificação tem por objetivo separá-las por variedades e por estágio de maturação.

Em seguida, os cachos são despejados em tanques de concreto azulejados ou de aço inoxidável, de onde são encaminhados, através de uma rosca sem-fim, para o setor de desengaçamento.

DESENGAÇAMENTO E PRENSAGEM — Os cachos são enviados para uma máquina chamada desengaçadeira ou garola, que rompe os grãos (bagos) sem esmagar as sementes — para evitar um futuro amargor no vinho —, retirando também os engaços (cabinhos). Hoje, nas principais regiões vinícolas do mundo, a maioria dos vinhos é produzida com uvas sem engaço, o que diminui a adstringência do vinho, permitindo que ele seja consumido mais cedo.

Para extrair o mosto contido nos grãos da uva é preciso romper a casca que reveste a polpa e espremê-la. Essa operação visa também a pôr em contato com o mosto as leveduras que irão atuar na sua fermentação.

Antigamente, os homens entravam nas tinas (lagares) e amassavam as uvas com os pés, numa operação sem dúvida sugestiva, mas pouco racional para a nossa época.

Hoje, máquinas complexas e de elevada capacidade produtiva prensam a uva segundo os ditames da tecnologia mais moderna. São as prensas, agrupadas de acordo com seu princípio de funcionamento. As de rolo, por exemplo, são formadas por dois cilindros estriados, localizados a distância regulável, que giram em sentidos opostos.

As prensas Vaslin e similares são prensas descontínuas, providas de hélices que exercem uma pressão suave e gradual sobre as uvas. Seu emprego é geralmente limitado à produção dos vinhos brancos e rosados, porque permite a separação das cascas do mosto.

A prensa Wilmes, última palavra na tecnologia dos vinhos brancos, é uma prensa pneumática, que trabalha com auxílio de ar comprimido, tendo como princípio uma lona inflável que permite uma prensagem muito suave do grão.

Vinificação em branco

É a mais complexa e a que exige maior emprego da tecnologia. As uvas são esmagadas em prensas horizontais, mecânicas ou pneumáticas, para evitar ao máximo o contato das cascas com o mosto. São três as etapas da vinificação em branco:

1.ª etapa — extração do mosto-flor. É o mosto que escorre naturalmente, em virtude do peso das uvas, sem que tenha sido feita ainda a prensagem. Representa cerca de 60% do volume total.
2.ª etapa — mosto de primeira prensagem, conseguido por uma pressão suave exercida pela máquina. Esse mosto não deve ser misturado com o mosto-flor, pois não é tão nobre quanto o primeiro. Representa de 20% a 25% do total.
3.ª etapa — mosto de segunda prensagem, obtido por um aumento da pressão, que permite a extração total do sumo da uva.

A grande vantagem desse processo é que se consegue um mosto muito mais limpo do que se fossem utilizadas as prensas verticais. Esse tipo de prensagem tem ainda a vantagem de não quebrar as grainhas (sementes), evitando assim a presença de taninos no mosto.

Por esse processo pode-se obter o chamado *blanc de noirs*, que é o vinho branco produzido a partir de uvas tintas.

Vinificação em rosado

Ao contrário da vinificação em branco, a vinificação em rosado só pode ser feita a partir de uvas tintas, pois é na casca da uva que se encontram os pigmentos corantes vermelhos (antocianos). Para determinar a intensidade da cor, o enólogo deixa as cascas em contato com o mosto por mais ou menos tempo. A região de Champagne é a única em que, tradicionalmente, ainda se produz vinho espumante a partir da mistura de vinhos brancos e tintos.

Vinificação em tinto

É o processo mais tradicional, porque pode ser feito sem o auxílio de equipamentos muito sofisticados. Após o rompimento do grão, o mosto fica em contato com as cascas o tempo suficiente para extrair a totalidade da cor. Para que isso ocorra, o enólogo usa recursos mecânicos (bombas), que retiram o mosto da parte mais baixa da tina, bombeando-o para cima e mantendo assim o líquido em constante circulação. Essa operação é conhecida como remontagem.

6

Fermentação

O mosto que se obtém a partir da prensagem é um líquido denso e muito doce, que contém significativa quantidade de glicose e frutose, açúcares naturais da uva, que se transformam, através de um lento processo, em álcool etílico.

Os agentes dessa transformação são as leveduras, microscópicos organismos providos pela natureza de enorme vitalidade. As leveduras ou fermentos podem ser de origem indígena (próprias da uva) ou selecionadas em laboratório. Elas se reproduzem no mosto com incrível rapidez, agindo sobre os açúcares e provocando sua metamorfose em álcool.

Através de numerosas barragens intermediárias, as mõléculas da glicose e da frutose produzem álcool etílico e gás carbônico. Os cientistas formularam uma equação resumida do processo:

$$C_6H_{12}O_6 = 2C_2H_5OH + 2CO_2$$

Esta equação significa que de uma molécula de açúcar se extraem duas moléculas de álcool e duas de gás carbônico. O álcool dissolve-se na massa do vinho, do qual é o elemento mais importante; e o anidrido carbônico tende a ser liberado na atmosfera. Isso faz com que a superfície do mosto em fermentação apresente o aspecto agitado de um líquido que ferve, motivo por que a fermentação alcoólica é também conhecida como "fermentação tumultuosa".

Para completar esta breve descrição do processo da fermentação, lembramos que, no seu decurso, serão formadas inúmeras outras substâncias, ainda que em pequena quantidade, mas de notável contribuição para as características organolépticas do vinho: glicerina, aldeídos, ésteres e outras.

Voltando rapidamente às técnicas de vinificação, é importante lembrar que um de seus fatores decisivos é a presença ou não das cascas no mosto. No caso da fermentação, um fator essencial a ser considerado é a temperatura. Os vinhos tintos devem ser fermentados à temperatura de 26-28°C; os brancos, por volta de 15°C, de forma a preservar suas características aromáticas.

Naturalmente, pode haver também operações de caráter intermediário — como a maceração parcial —, dependendo do tipo de produto desejado. Na vinificação com maceração, o mosto entra muito rapidamente em fermentação. Isso se explica pelo fato de que todos os fermentos presentes nas cascas das uvas passam para a massa. Logo, as partes sólidas se aglutinam, formando o chamado "chapéu", que sobe à superfície do mosto impulsionado pelo gás carbônico. Torna-se necessário, assim, fazer a "calcadura", uma prática que consiste em afundar, em oportunos intervalos de tempo, o chapéu flutuante.

Com isso, evita-se o perigo de uma acetificação superficial (a oxidação do álcool em ácido acético), facilita-se a extração das matérias corantes das cascas, provoca-se a distribuição homogênea dos fermentos e ventila-se o mosto, eliminando também o excesso de anidrido carbônico. No caso de grandes quantidades, a calcadura pode ser substituída pela "remontagem" da massa, que é removida do fundo do recipiente para sua parte superior. Essa prática, naturalmente, não é necessária quando se efetua a vinificação em branco.

Nos vinhos brancos, a ausência das partes sólidas da uva deixa o mosto quase sem cor; e a carga inferior de leveduras faz com que a fermentação se inicie e se processe de maneira mais fraca do que na vinificação com maceração.

Os recipientes em que se processa a fermentação do mosto podem ser tonéis de madeira ou tanques de cimento, fibra de vidro ou aço inoxidável. É preciso que esses recipientes não estejam completamente preenchidos, seja para evitar que o líquido saia durante a fermentação tumultuosa, seja para criar uma espécie de almofada de proteção entre a superfície da massa e o ar atmosférico. Isso evita os fenômenos de acetificação, de que falamos anteriormente.

Um fator muito importante na fermentação é a temperatura: com temperaturas muito baixas, as leveduras não entram em atividade; ultrapassando certos limites calóricos (as chamadas "temperaturas estressantes", em torno de 30°C), o mosto se enriquece em ésteres prejudiciais ao vinho. Surge assim a necessidade de um controle térmico da fermentação, em função sobretudo do clima da zona de vinificação. Por isso, nas regiões alpinas, nos outonos particularmente frios, costuma-se aquecer a cantina; ao contrário, nas zonas muito quentes, torna-se necessário providenciar a refrigeração do mosto.

Todos esses problemas dão uma idéia da complexidade do processo fermentativo e dos cuidados que devem ser tomados. Basta um pouco de desatenção ou negligência para que resulte, mesmo de boas uvas, um vinho irremediavelmente defeituoso.

Correções do mosto

Durante a fermentação, por vezes é preciso fazer correções no mosto, em função de sua composição. Não nos deve surpreender o fato de usarmos procedimentos técnicos para modificar um produto natural, porque a qualidade do mosto depende de vários fatores, entre eles o comportamento das estações do ano e do clima.

Quando o ano é frio e chuvoso, as uvas não atingem o grau de maturação necessário à obtenção de um bom vinho — aliás, este é um problema que costuma ocorrer no Sul do Brasil. Deveríamos, então, aceitar um produto medíocre, apenas para respeitar a "integridade" do mosto? É um dever do técnico ajudar a natureza a corrigir as falhas e os defeitos. Alterações e doenças, se cuidadas a tempo, podem ser eliminadas sem muito esforço.

As principais intervenções no mosto dizem respeito à graduação alcoólica, à acidez e à cor. Nos anos de pouco sol, não se encontra no suco das uvas um grande teor de açúcares; conseqüentemente, o vinho terá um baixo conteúdo alcoólico (pouco açúcar = pouco álcool), tornando-se um vinho medíocre e de difícil conservação. Nesse caso, diversos países permitem a adição de açúcares estranhos à uva — no Brasil, a sacarose —, para corrigir a falta daquela substância. Essa adição de açúcar ao mosto leva o nome de "chaptalização".

Pode acontecer também que, devido ao grau de maturação das uvas, o mosto apresente um baixo teor de acidez, o que prejudicaria a fermentação e a futura conservação do vinho. Nesse caso, adiciona-se ácido tartárico ao mosto.

Quanto à cor, a possibilidade mais natural de intervir na coloração do vinho é fazer as cascas permanecerem em contato com o mosto pelo tempo desejado. Há, porém, uma correção da cor que não se faz no mosto, mas no próprio vinho. Consiste em adicionar ao vinho deficiente de cor certa quantidade de vinhos especiais, intensamente coloridos ("vermelhíssimos").

Fermentação malolática

No Sul do Brasil, devido às condições climáticas, muitas vezes são produzidos vinhos tintos com acidez acentuada. Por isso, é imprescindível favorecer uma desacidificação biológica, através da fermentação malolática.

Nesse processo, o ácido málico é transformado em ácido lático, resultando um vinho menos ácido e mais macio, porque o primeiro ácido é mais forte que o segundo. Além disso, uma parte do ácido málico é transformada em compostos não-ácidos (diacetila), e o potássio que era ligado ao ácido málico salifica o ácido tartárico, que em parte precipita (cremor tártaro). Na prática, a fermentação malolática é uma desacidificação biológica, desejável nos vinhos tintos ricos em acidez, e não desejável nos brancos, aos quais uma boa acidez confere frescor e mantém o frutado.

No Brasil, a malolática ocorre naturalmente, após a fermentação alcoólica, com a chegada do inverno. Para impedir que ela ocorra nos vinhos brancos, mantém-se o líquido a uma baixa temperatura (8-10°C) e adiciona-se uma dose de anidrido sulfuroso em estado livre (cerca de 30 mg/l), mantendo-se o vinho limpo, para que as bactérias não encontrem alimentos.

7

Práticas de cantina

Vejamos as operações que acontecem após a fermentação.

Clarificação

Antes de retirar o vinho do recipiente de fermentação, procede-se a uma clarificação. É uma operação importantíssima que, em linhas gerais, consiste em tornar límpido o vinho, eliminando as impurezas — fragmentos de casca, sementes, sais minerais, leveduras e outros microorganismos — existentes em função de um processo biológico.

A clarificação pode ser efetuada por via mecânica ou químico-física. No primeiro caso, por centrifugação e filtragem; no segundo, adicionando-se substâncias denominadas clarificantes. Essas substâncias são do tipo orgânico (gelatina, cola de peixe, caseína, albumina) ou mineral (bentonite).

O clarificante é colocado de molho na água, e depois misturado ao vinho. A homogeneização é feita por remontagem e, em seguida, as partículas precipitam por polimerização (aglutinação).

Trasfega

Essa prática serve para separar o vinho dos depósitos que se alojam no fundo do recipiente. Deve ser feita de maneira lenta — para evitar que os depósitos enturvem novamente o vinho —, mas em curto espaço de tempo, para que as substâncias inorgânicas não transmitam ao vinho gostos desagradáveis (sabores fecais).

A cada operação de trasfega, o vinho é também filtrado, de forma a torná-lo mais límpido.

Sangria

É uma prática utilizada exclusivamente na elaboração de vinhos tintos. Consiste em separar das cascas, logo após o desengaço e o esmagamento da uva, uma porcentagem do suco da uva ainda branco. Muito utilizada no Brasil, permite, em safras muito chuvosas, aumentar a proporção de cascas em relação ao mosto, concentrando assim os componentes da cor e obtendo vinhos tintos mais robustos, com maior capacidade de envelhecimento. Não interfere na composição final do produto, já que nada retira ou acrescenta ao vinho pronto.

Concentração

A concentração consiste na desidratação ou retirada parcial de água do mosto (entre 10% e 12%), para concentrar os demais componentes e evitar a chaptalização. Para interferir da menor forma possível, os sistemas mais modernos usam equipamentos que fazem essa retirada a vácuo e a baixa temperatura (cerca de 20°C). O inconveniente desta prática é que concentra também outros componentes — por exemplo, os ácidos — o que, no caso de mostos provenientes de uvas pouco maduras, pode resultar em teores extremamente altos, desequilibrando o produto e obrigando a que se faça uma desacidificação, o que não é muito recomendado. Na União Européia, é permitido efetuar concentrações correspondentes a um máximo de dois graus alcoólicos. Em alguns países é proibida.

Estabilização

É o processo através do qual se tornam insolúveis os sais de potássio e de cálcio que ainda se encontram no vinho. Isso se consegue baixando a temperatura do líquido a menos de 0°C, em tanques isotérmicos, por um período de 10 a 15 dias. Assim, os sais precipitam, deixando o vinho límpido.

Filtragem

É a última operação efetuada para garantir a total limpidez do vinho antes do engarrafamento.

As placas dos filtros podem ser de fibras vegetais ou de carvão ativado; quadradas ou circulares. Cada filtro tem um número variável de placas, de cinco a vinte ou mais. Essas placas possuem diferentes graus de porosidade, permitindo qualquer tipo de filtração, até mesmo esterilizante (0,65 mícrons).

De recente concepção são a ultrafiltração e a filtração tangencial, com as quais são retiradas também algumas proteínas e uma parte dos polifenóis, com excelente rendimento filtrante.

Cortes

Corte é a mistura de dois ou mais vinhos, com a finalidade de se obter as características organolépticas desejadas ou mesmo corrigir um defeito. Para realizar essa importante operação, é preciso conhecer o vinho a fundo, ser um verdadeiro "artista" do vinho.

Pode-se cortar vinhos de variedades diferentes ou produtos do mesmo tipo, porém de safras diferentes (caso do Champagne, no qual se misturam várias safras para se obter uma característica-padrão).

A finalidade de técnico é sempre melhorar o vinho. É o que acontece nos anos em que as adversidades atmosféricas impedem o bom amadurecimento das uvas. Se não existisse o corte, todo aquele vinho seria impróprio para o consumo e destinado à destilação. Nesse caso, um simples corte com um vinho de safra diferente pode resolver o problema.

Higienização

Não é propriamente uma prática de cantina, mas uma providência que deve ser observada durante todo o processo de elaboração do vinho, para que se obtenha um produto final saudável e com suas características organolépticas intactas.

Tanto o chão e as paredes da cantina, quanto os recipientes, mangueiras e filtros utilizados devem ser mantidos em perfeitas condições de higiene, evitando a instalação e proliferação de bactérias nocivas, em especial as de origem acética, capazes de contaminar qualquer ambiente em pouquíssimo tempo — aliás, a facilidade de limpeza é um dos motivos que levaram à adoção dos tanques de aço inoxidável, em lugar dos antigos tonéis de madeira, hoje praticamente usados apenas no amadurecimento dos vinhos.

As garrafas também devem ser muito bem lavadas, com água quente contendo detergentes neutros e uma solução de carbonato de cálcio. Existem máquinas automáticas que realizam essa operação com perfeição.

8

Amadurecimento e envelhecimento

Os fenômenos que acontecem durante o envelhecimento do vinho são numerosos e complexos, e ainda não totalmente conhecidos. São transformações químicas, físicas, biológicas e enzimáticas, que levam a uma lenta e gradual modificação das características organolépticas iniciais do vinho.

Esse longo processo pode ser dividido em duas fases: uma de amadurecimento, outra de envelhecimento propriamente dito.

Durante o amadurecimento, o vinho sofre um primeiro afinamento e, sobretudo, adquire estabilidade e limpidez. Em geral, esta fase corresponde ao período de conservação em recipientes de aço, cimento, madeira.

É somente nesta fase, depois das trasfegas e das várias manipulações de cantina, e também durante a permanência nos tonéis de madeira, que o vinho, pelas contínuas trocas com a atmosfera, absorve uma certa quantidade de oxigênio. Neste caso, prevalecem os fenômenos de oxidação.

Já na fase de envelhecimento, o vinho completa seu afinamento, muda de cor, torna-se mais macio e, acima de tudo, adquire o característico *bouquet*. Esta fase acontece geralmente na garrafa, um ambiente praticamente isento de oxigênio. Aqui prevalecem os fenômenos de redução.

Portanto, ao contrário do que afirmava Pasteur, a ação do oxigênio é útil apenas na fase de amadurecimento, enquanto no envelhecimento é quase sempre danosa.

Somente na preparação e no envelhecimento de certos vinhos especiais — como o Porto, o Madeira e o Marsala — é que é necessária uma ação enérgica do oxigênio. Nesse caso, a profunda oxidação do vinho leva à sua estabilização e à formação de aromas e sabores de madeirizado.

Quando se pensa num estágio em barrica, fala-se quase sempre nos vinhos tintos, pois os brancos em geral nada ganham com essa prática: só perdem em frescor e fragrância. Mesmo nos tintos, só aqueles ricos em álcool, acidez e taninos são aptos a suportar um longo envelhecimento.

O melhor recipiente é a barrica de carvalho, cujo padrão é a *barrique* bordelesa de 225 litros. Além do carvalho francês (de Alliers, Tronçais, Nevers, Limousin, Vosges ou Argonne), utiliza-se muito a barrica de carvalho americano, especialmente do Missouri. Hoje, para apressar o processo e torná-lo mais barato, é prática corrente em muitos países —

especialmente do Novo Mundo — colocar dentro dos tanques de aço aparas de madeira (*chips*), ripas (*staves*) ou pequenas peças conhecidas como "dominó". A maioria dos países europeus proíbe essa prática.

9

Engarramento, rotulagem e expedição

Antes de mais nada, é preciso lembrar que o engarrafamento, além de ser um sistema de conservação do vinho é uma maneira de melhorá-lo organolepticamente. Sua primeira finalidade é preservar o vinho dos danosos fenômenos oxidativos, que o envelheceriam precocemente.

Portanto, a primeira regra a se considerar, quando se procede ao engarramento, é limitar o contato do vinho com o ar. Além de prolongar a longevidade do vinho, a ausência do ar permite a formação de novos perfumes e sabores, facilitando também a manutenção de outras preciosas características.

Hoje em dia, existem equipamentos que permitem todas essas práticas de maneira fácil e racional. São as chamadas "engarrafadoras isobáricas", providas de uma membrana que, ao mesmo tempo que retira o ar da garrafa, injeta o vinho em seu interior.

Na mesma linha de produção, após o preenchimento das garrafas, estão instalados equipamentos totalmente automatizados que fazem o arrolhamento, a capsulagem e a rotulagem. Daí, sempre através de esteiras, as garrafas são conduzidas ao setor de expedição, onde são encaixotadas, ficando assim prontas para a distribuição.

É de boa prática que, após o engarrafamento, o vinho descanse entre 30 e 90 dias, para recuperar sua estabilidade.

10

Espumatização

O espumante é um vinho que sofre uma segunda fermentação, na própria garrafa ou em grande recipiente, provocando a formação de uma grande quantidade de anidrido carbônico e de espuma, o que eleva a pressão interna da garrafa a 3-6 atmosferas.

Por um tratado assinado em Lisboa — e não subscrito pelo Brasil —, só tem o direito de se chamar "champagne" aquele tipo de vinho produzido nos limites da região francesa de Champagne. Todos os demais são chamados genericamente de "espumantes". Na Espanha, usa-se o nome *cava*; na Alemanha, *sekt*; na Itália, *spumante*; e na França, *crémant*. A legislação brasileira autoriza a denominação *champanha*.

Naturalmente, para se chegar ao espumante, é preciso elaborar antes o vinho-base, seguindo-se todas as etapas da vinificação em branco (ou em rosado). Na região de Champagne são utilizadas, exclusivamente, três variedades de uvas: Chardonnay, Pinot Noir e Pinot Meunier.

Uma vez pronto o vinho-base, ele é submetido a um corte (*assemblage*) com vinhos de safras anteriores, o que é feito por um profissional especializado chamado *maître-de-chai* ou *chef-de-cave*. No caso de uma safra excepcional, não havendo cortes, o champagne é conhecido como *millesimé*, e tem a data da safra declarada na garrafa.

Método champenoise

O vinho é submetido à segunda fermentação na própria garrafa. O processo tem início engarrafando-se o vinho-base junto com o *liqueur de tirage*, constituído de açúcar de cana e leveduras selecionadas diluídas em vinho envelhecido.

As garrafas são fechadas com tampinhas de metal (e não ainda com rolhas de cortiça) e colocadas deitadas em locais com temperatura constante em torno de 11°. O vinho inicia então a segunda fermentação, produzindo sua espuma característica (*prise de mousse*).

Uma vez terminada a segunda fermentação, o vinho está novamente seco. Agora é preciso retirar as leveduras mortas, que formaram um depósito no interior da garrafa. As garrafas são então transportadas para as *pupitres*, onde são encaixadas no sentido horizontal. Começa então o trabalho de *remuage*, executado por profissionais que, de tempos em tempos, giram as garrafas no sentido horário, fazendo assim com que elas se inclinem progressivamente, levando os detritos orgânicos a se aproximarem mais e mais do gargalo. Hoje, para esse trabalho, muitas empresas utilizam um equipamento denominado *gyropalette*, programado por computador, que executa a tarefa mecanicamente.

Depois de um período nas *pupitres* que vai de seis a doze semanas, as garrafas chegam finalmente à posição *sur pointe,* na vertical, com os depósitos acumulados junto à tampinha de metal. Inicia-se então o *dégorgement*, que visa a tirar os depósitos com o mínimo de perda do líquido. As garrafas são submetidas a uma solução refrigerante (salmoura), a cerca de 20°C negativos, congelando exatamente a porção do gargalo onde se acumularam os depósitos. Em seguida, as garrafas são destampadas e os depósitos, na forma de um cilindro congelado, são expulsos pela própria pressão do gás carbônico.

Completa-se imediatamente o conteúdo da garrafa com o *liqueur d'expedition*, uma mistura de açúcar, champagne envelhecido e, às vezes, uma dose de cognac ou armagnac. Segundo a quantidade de açúcar adicionada, o champagne será: *Extra-brut* (de 0 a 6 gramas por litro), *Brut* (menos de 15 gramas por litro), *Extra-sec* (12 a 20 gramas por litro), *Sec* ou *Dry* (entre 17 e 35 gramas por litro), *Demi-sec* ou *Medium-Dry* (entre 33 e 50 gramas de açúcar por litro) e *Doux* ou *Sweet* (mais de 50 gramas por litro — um tipo que não é mais produzido). Estas são as taxas de açúcar autorizadas pela

Comunidade Européia. Quando não leva licor de expedição, o champagne é chamado de *pas dosé, dosage zéro, nature, brut intégral* ou *brut zéro*.

A última etapa do método champenoise é a colocação da tradicional rolha de cortiça e da gaiola de arame (*muselet*), depois do que as garrafas voltam para as caves, para estabilizar a temperatura e homogeneizar o líquido, sendo por fim rotuladas e despachadas para a pilha de expedição.

Método Charmat

Enquanto, no método champenoise, o vinho-base sai das piletas direto para a garrafa, no método Charmat (Eugene Charmat, 1910) ele vai para as autoclaves, grandes recipientes de aço inoxidável ou fibra de vidro, onde, já adicionado do licor de tiragem, irá sofrer a segunda fermentação sob temperatura controlada, entre 10 e 14°C.

Em seguida, passa pelas operações de decantação e filtragem — para a retirada dos depósitos oriundos da refermentação — e é engarrafado, sempre gelado e sob pressão, junto com o licor de expedição.

Processo Asti/Toulon

Nesse processo, criado pelo conde Marone-Cinzano, são utilizadas as variedades Moscato ou Malvasia, de alto teor açucarino. Ainda assim, durante a fermentação tumultuosa adiciona-se sacarose ou mosto concentrado de Moscato, para produzir a espuma.

A fermentação é interrompida, deixando-se um resíduo açucarino de 20 g/l ou mais. Segue-se a decantação e uma centrifugação do vinho, devido à quantidade de açúcar, que o deixa muito denso. O vinho é trasfegado para a pileta — onde fica a baixa temperatura, para não alterar os aromas —, até ser engarrafado.

O Asti é um espumante natural que deve ser consumido jovem, em virtude de sua baixa graduação alcoólica (7 a 10°GL).

11

Tipos de garrafas. Rolhas

Existem três épocas históricas do vinho: a primeira é a do barro cozido, da cerâmica; a segunda, a do tonel; e a terceira, a da garrafa. São três épocas importantíssimas, caracterizadas pelo meio técnico.

A primeira vai mais ou menos do ano 800 até o ano 1000. É a época da ânfora, feita de barro cozido, usada pelos gregos e romanos. O vinho só podia ser conservado com a adição de resinas e tinha que ser diluído em água para ser bebido.

Em seguida, vem a época do tonel, quando o vinho passou a se desenvolver na madeira, tornando-se mais ligeiro, mais leve. A bebida passava, então, diretamente do tonel à mesa. Mas havia muitos problemas de conservação, pois logo que o barril começava a ser usado, tinha que ser esvaziado completamente, devido ao contato do vinho com o ar. O vinho, portanto, não podia ser conservado na casa do consumidor: tinha que ser comprado diretamente nos estabelecimentos comerciais.

A terceira época — a grande época do vinho — começa com a invenção da garrafa: a garrafa de vidro forte, pois já existia uma outra, porém de vidro muito frágil. Esse tipo de garrafa foi criado na Inglaterra, no final do século XVII, e a partir de então transformou-se a técnica do vinho. Em primeiro lugar, foi possível produzir-se o espumante — o que anteriormente não se podia fazer, pois não havia recipiente adequado para conter a pressão do gás carbônico.

O uso da garrafa de vidro forte permitiu também o uso da rolha. A cortiça já era conhecida na Roma Antiga e usada para fechar as ânforas, mas sem prender muito bem: colocava-se a cortiça e lacrava-se a ânfora com resina. Com a introdução do vidro, foi possível vedar completamente a garrafa, conservando-se por muito mais tempo os vinhos de baixa graduação alcoólica.

TIPOS DE GARRAFAS — O formato das garrafas deve-se principalmente à tradição. Cada região produtora tem seu próprio tipo de garrafa, através do qual a procedência do vinho é identificada de imediato. Algumas das garrafas mais conhecidas são, da esquerda para a direita: caramagnola ou *bocksbeutel*, Châteaunef-du-Pape, bordelesa, alsaciana, bourguignone, holandesa, champenoise e o "fiasco".

Quanto à cor, mais do que uma questão estética, é um fator de proteção contras as alterações operadas pela luz, que afetam os aspectos visual, olfativo e gustativo do vinho. Por isso, as cores mais utilizadas são o verde-escuro e o âmbar.

ROLHAS — A qualidade da rolha está na sua elasticidade, na quantidade de poros (quanto menos, melhor) e em seu tamanho — os grandes vinhos usam rolhas de até 7 cm de comprimento.

O maior produtor de cortiça do mundo é a região do Alentejo, em Portugal. Mas a produção vem caindo progressivamente, primeiro porque o sobreiro — árvore de cuja casca se faz a rolha — só admite a primeira extração aos trinta anos; depois, só a cada nove anos se pode fazer nova extração. Por isso — e ainda pela ocorrência de um fungo que ataca a casca da árvore, provocando um mau cheiro na rolha (vide, adiante, "Defeitos" do vinho) — nos últimos anos a indústria vem utilizando bastante as rolhas de material sintético. Mas os vinhos de guarda, que precisam "respirar" um pouco através da rolha, não dispensam a vedação tradicional com rolhas de cortiça.

12

Alterações, doenças e defeitos do vinho

De um modo geral, as anomalias eventualmente apresentadas por um vinho podem ser divididas em três grupos: alterações, doenças e defeitos.

As alterações são anomalias que afetam sobretudo a cor e a limpidez do vinho. Podem ser de natureza físico-química (casse férrica, casse cúprica) ou enzimática (casse oxidásica). Geralmente não têm influência no gosto do vinho.

As doenças, ao contrário, são anomalias provocadas por contaminação microbiana, e influem mais ou menos gravemente sobre todos os caracteres organolépticos.

Os defeitos ocorrem por vários tipos de contaminação — mas não microbianas — e geralmente são causados pelo mau estado dos recipientes de conservação ou pela precária limpeza da cantina, das mangueiras ou dos vasos vinários.

Por fim, podem ser localizadas no vinho anomalias muito leves, encontradas somente na garrafa, chamadas simplesmente de "inconvenientes".

Alterações físico-químicas

- *Casse férrica* — manifesta-se quando um vinho, com mais de 10 mg/l de ferro, submetido a manipulações e arejamento, absorve uma certa quantidade de oxigênio.
- *Casse cúprica* — acontece somente nos vinhos brancos ricos em cobre (além de 0,5 mg/l) e, ao contrário da casse férrica — favorecida por um certo arejamento —, manifesta-se somente no ambiente reduzido da garrafa (ausência de oxigênio).
- *Casse protéica* — é um enturvamento esbranquiçado verificado em vinhos brancos ricos em proteínas. É favorecida pelo resfriamento ou pelo aquecimento do vinho.

Alterações enzimáticas

- *Casse oxidásica* — devida à ação de enzimas particulares (polifenossidase), que permitem ao oxigênio do ar combinar-se com grande facilidade com substâncias fenólicas do vinho, formando compostos insolúveis.

Doenças

As doenças do vinho são causadas geralmente por bactérias. As bactérias se dividem em aeróbicas e anaeróbicas. As aeróbicas pertencem à classe das bactérias acéticas, enquanto as anaeróbicas fazem parte do grupo das bactérias láticas.

FLOR — causada por leveduras das espécies *Candida mycoderma* e *Candida pichia*, golpeia sobretudo vinhos de escassa graduação alcoólica. Forma-se na superfície do vinho um sutil véu branco que provoca o achatamento do gosto e um certo aumento de aldeídos.

ACESCÊNCIA OU AVINAGRAMENTO — os agentes patogênicos desta doença são bactérias do gênero "Acetobacter", que atacam sobretudo vinhos de baixa graduação alcoólica ou já atingidos pela "flor", ou ainda vinhos que foram deixados em recipientes não totalmente preenchidos. Forma-se na superfície do vinho um véu viscoso mais ou menos espesso, que afunda com o tempo, formando a chamada *madre* do vinagre.

VIRADO — grave doença que afeta tanto os vinhos brancos quanto os tintos; e não apenas os jovens, mas também os envelhecidos, sempre aqueles pobres em acidez fixa (com pH acima de 3,5) e fracos, porque pouco alcoólicos.

AMARGO — doença bastante rara, que ataca principalmente os vinhos tintos envelhecidos de baixa graduação alcoólica e pobres em acidez fixa. As bactérias atacam a glicerina e a transformam em acroelina; numa segunda etapa, esta substância se combina com os polifenóis do vinho, formando substâncias resinosas e muito amargas.

AGRIDOCE — conhecida também como "fermentação manítica", ataca geralmente vinhos tintos jovens, doces ou com resíduos açucarinos. As bactérias atacam os açúcares, particularmente a frutose, transformando-a em manite, ácido lático e ácido acético.

FILANTE — na realidade, não deve ser considerada uma verdadeira doença, mas um desvio da fermentação malolática. De fato, parece que certas bactérias (os leuconostoc) da malolática se revestem de uma substância mucilaginosa (destrano) e se juntam, formando longas correntes. O vinho adquire uma densidade próxima à do azeite.

CHEIRO DE ROLHA — a cortiça com a qual são confeccionadas as rolhas possui características que a tornam o melhor material para a vedação das garrafas. O odor e o sabor de rolha são transmitidos ao vinho através de rolhas fabricadas com cortiça contaminada pela *Armilaria mellea*, um fungo parasita da corticeira.

ODOR E SABOR DE MOFO — defeito quase sempre provocado, mais do que pelo mofo em si, por certas bactérias Actinomicetos que se desenvolvem em velhos barris podres e infestados pelo mofo. Além do odor característico, essas bactérias conferem ao vinho um certo sabor de "amarguinho".

SABOR DE MADEIRA, SECO, ENXUTO — esses defeitos são devidos à má conservação dos barris, deixados por muito tempo vazios e não tratados com oportunas sulfitações. O vinho apresenta sensações entre o mofo e a madeira seca.

ODORES FECAIS — são causados pelo prolongado contato do vinho com as borras. O vinho transmite uma sensação entre o podre e o aliáceo, e tem um gosto amarguinho.

SULFÍDRICO — estes cheiros mais ou menos nauseantes são provocados pelo mau emprego do anidrido sulfuroso e de seus derivados, caracterizando cheiros podres e fecais.

SABORES METÁLICOS — provocados pelo excesso de ferro ou cobre no vinho. O ferro confere apenas um sabor metálico, enquanto o cobre transmite também um sabor amargo.

EVANESCENTE — defeito que apresentam os vinhos batidos, muito trasfegados ou arejados. O vinho evanescente não somente se apresenta sem perfume, mas também chato e sem nervo.

MADEIRIZADO — grave defeito apresentado sobretudo pelos vinhos brancos. É devido à oxidação mais ou menos aparente, que leva a um escurecimento da cor e ao característico odor de oxidado (clara sensação de aldeídos).

13

Fisiologia dos órgãos dos sentidos

Para melhor compreender e avaliar tudo o que concerne aos nossos órgãos dos sentidos e aos fenômenos a eles ligados, é necessário ter algumas noções básicas sobre os estímulos, os receptores e a transmissão dos impulsos nervosos.

Assim, faremos uma breve descrição das características dos estímulos, dos receptores e das leis psicofísicas que intercorrem entre estímulos e sensações.

ESTÍMULOS, RECEPTORES E SENSAÇÕES — Esquematicamente, podemos dizer que os órgãos dos sentidos fazem a ligação entre o mundo exterior e o nosso cérebro. Em outras palavras, os nossos sentidos percebem, através de particulares estruturas (receptores), as mensagens (estímulos) externas e as mandam, através de fibras nervosas, aos centros corticais, onde são reconhecidas e interpretadas (sensações).

Mais cientificamente, podemos definir "estímulo" como qualquer agente físico, químico ou mecânico capaz de provocar a excitação de um receptor. E "receptor" como aquela particular estrutura dos órgãos dos sentidos — em geral trata-se de células nervosas ou de células especializadas não nervosas — que têm a tarefa de transformar, ou melhor "transduzir" (transformar e conduzir), a energia física, química ou mecânica dos estímulos em energia elétrica; ou, melhor ainda, transformar aquela energia em uma série de impulsos elétricos, que são depois enviados aos centros corticais do cérebro por meio de alguns neurônios. Ali o estímulo é decodificado e interpretado, gerando uma sensação ou sendo submetido a uma maior elaboração, gerando assim a percepção.

Cada receptor é sensível somente a um determinado estímulo.

LIMIAR DE PERCEPÇÃO — Para provocar uma sensação, é necessário, porém, que o estímulo não apenas seja adequado, mas que tenha uma intensidade tal que possa produzir o excitamento do receptor. A mínima intensidade de um estímulo capaz de provocar uma sensação é chamada "limiar de percepção".

Essa intensidade, porém, não é suficiente para reconhecer a qualidade da sensação: percebemos que existe alguma coisa, sem poder identificá-la. Portanto, "limiar de conhecimento ou de identificação" é chamada a menor intensidade do estímulo capaz de produzir uma sensação que nos permita reconhecer a qualidade.

Os limiares de percepção e de reconhecimento variam de indivíduo para indivíduo, dificultando quando se quer medir a intensidade absoluta da sensação ou discriminar as diferentes intensidades.

14

Composição química do vinho em relação aos caracteres organolépticos

ÁGUA 85%-90%

COR

a) Nos vinhos tintos:

— antocianos: 200-500 mg/l e um pouco de taninos

b) Nos vinhos brancos:

— leucoantocianos e catequinas (flavonos): 15-20 mg/l.

— às vezes clorofila

AROMA

a) Aromas varietais ou primários (provêm diretamente da uva)

— terpenos (linalol, geraniol, terpinol, nerol)

— isobutil-pirazina (herbáceo)

— antranilato de metila (*foxy*) etc.

b) Aromas de fermentação ou secundários (originados durante a fermentação alcoólica)

— álcoois superiores, ésteres, ácidos etc.

c) Aromas de envelhecimento ou terciários (formados sobretudo durante o envelhecimento em garrafa)

— ésteres do álcool etílico e dos álcoois superiores

— aldeídos, cetonas etc.

GOSTO

a) Substâncias responsáveis pela maciez:
— açúcares residuais: frutose e glicose (variáveis)
— álcool etílico: 50-150 g/l
— glicerina: 4-18 g/l
— pentoses: 1 g/l
— coloidais (pectinas, substâncias mucilaginosas): 0,5-1 g/l

b) Substâncias responsáveis pela acidez:
— ácido tartárico: 5-6 g/l
— ácido málico: 0,5-5 g/l
— ácido cítrico: 0,1-0,5 g/l
— ácido lático: 1-1,5 g/l
— ácido succínico: 0,5-1,5 g/l
— ácido acético: 0,3-1 g/l

c) Substâncias responsáveis pela adstringência:
— tanino: nos vinhos tintos, 1-3 g/l; nos vinhos brancos, 20-50 mg/l

OUTRAS SUBSTS.

a) Substâncias de sabor salgado:
— sais minerais e sais dos ácidos orgânicos: 2-3 g/l

b) Substâncias de sabor amargo:
— produtos da oxidação dos taninos, sulfatos etc.

c) Anidrido carbônico (variável)

15

História e origens do *sommelier*

A profissão de *sommelier* é antiqüíssima, com raízes bem profundas na História, e sempre foi exercida por pessoas de origem nobre. Antigamente, para servir a comida, eram usados escravos ou servos; no serviço das bebidas, sempre indivíduos de nobre estirpe.

Através das pesquisas, vamos encontrar o *sommelier* operando entre os assírios e babilônios, e também na época das primeiras dinastias faraônicas. Na civilização grega, essa personagem era conhecida como *arconte* ou *simposiarca* — vamos encontrá-lo justamente nos "simpósios", com a função específica de administrar o serviço e escolher os jarros e taças para o vinho.

Na época da Roma Imperial, localizamos o mesmo indivíduo operando durante os *prandi* (banquetes, refeições), com o nome de *Rex bibendi*. Nos séculos seguintes, principalmente na época do Renascimento, todos os nobres tinham um "copeiro", auxiliado por um "garrafeiro".

Já em 1700, esse profissional aparece citado nos editos do duque de Savóia, com a denominação de *Somegliere di bocca e di corte* e, em sua atividade, portava um anel com as iniciais ducais para lacrar os barris sob seus cuidados.

Seguem-se notícias e detalhes da atividade dessa personagem, em todos os banquetes nas cortes européias, até chegarmos à época da grande cozinha francesa, que impôs ao mundo toda uma terminologia própria — *maître*, *chef de cuisine*, *chef de rang* — sempre utilizada na língua original. Assim também nasceu a expressão *sommelier*, usada para designar o profissional encarregado do serviço dos vinhos.

O tastevin

O tastevin — chamado de "tamboladeira", em Portugal — é um objeto de origem muito antiga, e sua forma atual é conhecida desde o século XVIII. O mais usado atualmente é o do tipo Bourgogne, muito utilizado na região de origem pelos chefes de cave e pelos provadores para a degustação de vinhos tintos jovens.

Com o tastevin — geralmente fabricado em prata 800% — pode-se observar nitidamente a cor do vinho, com todo o seu brilho e nuanças.

O tastevin é uma espécie de taça com cerca de dois centímetros de profundidade e oito centímetros de diâmetro, provido de uma pequena alça. No centro, tem uma grande bolha — chamada "bolha de nível" —, que nunca deve ser coberta pelo vinho, a fim de que se possa captar o brilho e as nuanças de cor.

Em volta da bolha de nível, dispostas de maneira circular, estão quatorze pequenas "pérolas" em relevo, que permitem ao vinho, quando girado lentamente sobre elas, oxigenar-se com maior rapidez, fazendo com que sobressaiam todos os aromas.

Na parte mais externa, enfim, encontram-se, de um lado, uma série de nervuras e, do outro, oito pequenas depressões em forma de círculo. As nervuras são usadas para a observação dos vinhos brancos, que possuem cores mais tênues — nesse caso, o tastevin é empunhado com a mão esquerda. No caso dos tintos, o vinho é movimentado sobre as depressões circulares — aí, empunha-se o tastevin com a mão direita.

Todas essas nervuras e bolinhas têm por objetivo também provocar reflexos luminosos, deixando o vinho mais translúcido e fazendo aparecer melhor eventuais partículas em suspensão.

Nas degustações técnicas, é preferível usar o copo conhecido como ISO (International Standard Organization), homologado pelo Institut National des Appellations d'Origine (Inao), no qual os aromas se concentram melhor.

16

A guarda dos vinhos

O vinho bem conservado adquire personalidade, amadurece dignamente e cresce no momento da degustação. Ao contrário, o vinho mal guardado envelhece precocemente, chegando à decrepitude em pouco tempo.

Uma adega ideal deveria obedecer aos seguintes critérios:

- exposição sul, em relação ao sol
- temperatura constante de 14°C
- umidade relativa do ar de 65%
- longe do barulho e de trepidações
- pouca luminosidade e bem arejada

Como essas condições, em sua totalidade, são muito difíceis de ser conseguidas naturalmente, deve-se procurar chegar o mais perto possível do ideal. No caso de uma pequena adega doméstica, deve-se procurar algumas condições mínimas de conservação:

— um local sem incidência de sol direto, onde a temperatura seja a mais baixa e constante possível. O vinho sofre mais com as repentinas variações térmicas do que com uma temperatura constante, embora um pouco mais alta do que a ideal;

— evitar armazenar junto com o vinho quaisquer produtos que possam exalar cheiros estranhos. Pela sua característica de porosidade, a rolha absorve todos os cheiros e os transmite ao vinho;

— evitar locais completamente vedados, onde o ar não circule (p. ex.: armários com portas inteiriças). Isso evita a ocorrência de mofo ou cheiro de seco na rolha;

— evitar locais muito úmidos, que prejudicariam as rolhas e os rótulos;

— longe de barulho e de trepidações, para evitar que o depósito porventura existente no vinho se misture ao líquido e o enturve.

Uma vez que o ar mais frio se concentra nas partes mais baixas, a ordem natural para a disposição das garrafas numa adega seria a seguinte: na parte mais baixa, os espumantes; acima, os brancos e rosados; e na parte mais alta, os tintos. Procedendo assim, estaremos mantendo os vinhos o mais próximo possível das temperaturas ideais de serviço.

As garrafas devem ser mantidas sempre na posição horizontal, permitindo assim que o líquido esteja sempre em contato com a rolha, mantendo-a úmida e evitando que se resseque; desse modo, a rolha conservará sempre o mesmo diâmetro, evitando a passagem do ar, que provocaria oxidações no vinho.

Tomadas essas precauções, devemos mapear nossa adega, para facilitar a localização das garrafas. Isso se faz geralmente atribuindo letras e/ou números para cada setor — p. ex.: espumantes — posição A; vinhos brancos — posição B; e assim por diante. Dentro de cada setor, para cada tipo/produtor/marca, daremos um número, permitindo uma rápida localização — p. ex.: espumantes nacionais A,1; espumantes estrangeiros — A,2; champagnes — A,3 etc.

Essas mesmas informações devem constar da carta de vinhos, agilizando a localização de qualquer garrafa na adega.

Uma carta de vinhos deve conter todas as informações que permitam ao convidado ou cliente conhecer as características do produto que irá degustar.

A ordem lógica de uma carta é a seguinte:

- vinhos aperitivos (champagnes e espumantes brut, Porto seco, Jerez seco)
- vinhos brancos secos
- vinhos brancos suaves
- vinhos rosados
- vinhos tintos
- vinhos de sobremesa

No caso específico de estabelecimento comercial, deve-se começar sempre com os vinhos do país onde se está operando; em seguida, os vinhos dos países do continente onde se opera; mais adiante, os vinhos correspondentes à especialidade gastronômica da casa (cozinha italiana, cozinha francesa etc.); e outros vinhos que se desejar.

Dados que devem constar da carta de vinhos:

- Código
- Nome/tipo do vinho
- Produtor
- Safra
- País de origem
- Capacidade da garrafa
- Preço

17

O serviço dos vinhos

Importância dos copos

Os copos têm uma importância fundamental no serviço dos vinhos. Não se trata apenas do aspecto estético, mas de aproveitar e valorizar ao máximo as características organolépticas do vinho.

Veja o exemplo do espumante: o copo correto para este tipo de vinho é a chamada *flûte*, que, por sua forma alongada e boca estreita, permite o desprendimento correto das borbulhas (*perlage*) e a manutenção de seus delicados aromas.

Vinhos brancos aromáticos (ex.: Riesling, Gewürztraminer) precisam de copos de forma ovalada, de modo a reter os aromas característicos. Vinhos brancos doces (ex.: Sauternes) são melhor apreciados em copos ovalados com as bordas ligeiramente para dentro.

Para os tintos, são usados sempre copos maiores, variando de formato e tamanho de acordo com o tipo de vinho. Os vinhos do tipo Bordeaux (Cabernet, Merlot) precisam de um copo de boa capacidade, com forma ovalada e boca fechada, para reter a intensidade dos aromas. Já para os vinhos da Borgonha, usam-se copos do tipo balão, de grande capacidade, para permitir o desprendimento dos intensos aromas da uva empregada na região, a Pinot Noir.

Para as degustações técnicas, existe o copo ISO, que serve para todos os tipos de vinhos, inclusive os espumantes.

De um modo geral, os copos devem ser de cristal de boa qualidade, incolores, lisos, com haste que permita serem empunhados sem que se toque no corpo do copo, evitando assim alterações na temperatura e marcas de dedos que prejudicariam o aspecto visual do vinho.

Temperaturas de serviço

Como regra geral, pode-se afirmar que vinhos brancos e rosados devem ser servidos mais resfriados que os tintos. E existem razões lógicas para isso.

Os vinhos brancos e os rosados têm como características principais a delicadeza e a fragrância do perfume, o frescor e a vivacidade do gosto — qualidades em parte exaltadas pelo frio. A temperatura elevada, pelo fato de exaltar demais os aromas, torna o perfume muito intenso e fugaz, e portanto menos fino e delicado; ao mesmo tempo, o calor do álcool, acentuado pela alta temperatura, mascara o frescor, tornando o vinho menos fresco e sem delicadeza.

Os vinhos tintos, ao contrário, especialmente os mais tânicos, devem ser servidos a uma temperatura mais alta, porque o frio aumenta a dureza e a adstringência, além de diminuir a intensidade do *bouquet* etéreo dos vinhos envelhecidos. Alguns tintos, porém, por serem ligeiros e pobres em taninos, podem ser bebidos frescos, em torno de 14-15°C — caso do Beaujolais nouveau, por exemplo.

Eis uma tabela com as temperaturas ideais de serviço:

- Espumantes brut .... 6-8°C ± 1
- Espumantes doces............................ 7-8°C ± 1
- Brancos suaves e doces .... 8-9°C ± 1
- Brancos secos .... 10-12°C ± 1
- Rosados .... 12-14°C ± 1
- Tintos jovens, pobres em taninos, frisantes ou aromáticos .... 14-16°C ±
- Tintos ligeiramente envelhecidos, mais macios ou aveludados .... 18°C
- Tintos ricos em taninos .... 18-20°C ± 1

Sucessão dos vinhos à mesa

Antes de mais nada, é preciso dizer que, ao contrário do que muitas vezes se divulga, trocar de vinho durante a refeição não faz qualquer mal; o que faz mal, sem dúvida, é beber excessivamente.

Geralmente, inicia-se uma refeição com entradas diversas, continua-se com sopas, massas, peixes, carne, queijos, para terminar com um doce ou uma fruta. Deve-se começar, portanto, com os vinhos brancos (aí incluídos os espumantes brut e outros vinhos aperitivos), continuar com os rosados e os tintos, e terminar com os vinhos doces ou licorosos.

Naturalmente, são servidos primeiro os vinhos mais ligeiros, em seguida os de média estrutura e, por fim, os mais encorpados; primeiro os jovens, depois os envelhecidos; os secos antes, os doces e licorosos depois.

Estudos científicos demonstraram que, durante a refeição, ocorre uma modificação na composição químico-física da saliva, que influi sobre a sensibilidade gustativa. Em particular, nota-se que a sensibilidade ao sabor ácido vai aos poucos aumentando, chegando ao máximo ao final da refeição, enquanto diminui progressivamente a sensibilidade aos taninos.

Portanto, se quisermos adotar essa teoria, devemos

servir os vinhos mais frescos no início da refeição, prosseguir com os mais macios e concluir, no momento dos pratos mais "sérios", com os vinhos mais tânicos ou austeros.

18

Combinação entre vinhos e comidas

Embora a combinação entre vinhos e comidas dependa bastante do gosto pessoal de cada um — sendo, portanto, matéria subjetiva —, existem pequenas regras que permitem um melhor aproveitamento tanto dos pratos, quanto dos vinhos a serem degustados.

O que se deve procurar sempre é o equilíbrio, a harmonia, a perfeita simbiose entre os dois elementos. Quando isso não é possível, usa-se o critério da justaposição — o queijo do tipo Gorgonzola, por exemplo, que é picante, não tem um correspondente na área dos vinhos; assim, o melhor será degustá-lo com um vinho doce (tipo Porto) ou com um vinho rico em taninos, o que amenizará a sensação picante do queijo.

Aqui estão alguns "casamentos" recomendáveis:

- Patês à base de fígado — vinhos brancos doces tipo Sauternes
- Frios — brancos e rosados secos
- Ovos — brancos secos
- Sopas e massas — dependendo da cor do molho, brancos ou tintos secos

- Peixes defumados — brancos muito secos, espumante brut safrado
- Peixes gordurosos (bacalhau, enguia) — tintos leves
- Moluscos — brancos secos aromáticos
- Carnes brancas (peixe, frango, vitela, coelho, porco) — brancos secos de boa estrutura ou tintos leves
- Carnes vermelhas (bovina, caprina, aves nobres) — tintos de médio corpo
- Carnes escuras (caças) — tintos estruturados
- Queijos de massa mole (Ricota, Minas frescal, de cabra fresco) — brancos leves aromáticos
- Queijos meia-cura (Camembert, Brie, Ementhal, Tilsit, Gouda, Minas meia-cura) — tintos pouco tânicos
- Queijos de massa dura (Parmesão, de cabra, Minas curado) — tintos justamente tânicos
- Queijos picantes (Boursin, Roquefort) — vinhos doces ou tintos tânicos
- Tortas moles (Saint Honoré, Sacrapantina) — espumantes doces
- Tortas secas (de nozes, de amêndoas) — brancos doces
- Frutas — brancos aromáticos.

Como recomendação final, lembramos que saladas temperadas com vinagre não combinam com vinhos. E o melhor acompanhamento para sobremesas à base de chocolate é um belo copo d'água.

19

O vinho e a saúde

A melhor notícia dos últimos anos veio quando os pesquisadores decretaram: "Vinho faz bem à saúde." O que, aliás, já tinha sido preconizado pelo grego Hipócrates, no século V a.C., que recomendava o uso do vinho branco — rico em elementos que estimulam a eliminação das substâncias tóxicas — como diurético a seus pacientes, e o utilizava nas feridas externas e nas lesões abertas, sob a forma de curativos úmidos, depois de lavar as feridas com o mesmo vinho. Os legionários romanos também tratavam suas feridas com vinho. Conta-se ainda que o cartaginês Aníbal, implacável adversário de Roma, teria curado seus cavalos de sarna, lavando os animais com vinho.

A ação bactericida do vinho já era (pelo menos) presumida na Antigüidade, e isso foi confirmado mais tarde, especialmente durante as epidemias que periodicamente assolavam o mundo. Em 1886, Rambuteau descobriu que os consumidores habituais de vinho eram menos afetados pela cólera que os bebedores de água. No final do século XIX, médicos recomendavam o vinho como terapia complementar no combate ao tifo. Recentemente, dois pesquisadores canadenses — e pouco depois, norte-americanos —, descobriram a ação positiva do vinho tinto, aplicado sobre as feridas, no combate a certos vírus, como o herpes.

O vinho tem um alto poder nutritivo, já que fornece ao organismo diversas substâncias essenciais e de fácil assimilação. Também facilita a digestão, porque é muito rico em vitamina B. É uma boa fonte de sais minerais, principalmente cálcio, potássio, magnésio, para citar apenas os principais. No século XIX, indicava-se aos alérgicos o consumo de morangos embebidos em vinho tinto, para minorar o risco de alergias. O professor Masquelier, da Universidade de Bordeaux, demonstrou que o vinho atua como inibidor na formação da histamina, responsável pelos fenômenos alérgicos.

Existe até um livro do médico francês E. Maury (*La Médecine par le vin ou Le Vin comme remède universel*), que chega a indicar quais os melhores vinhos, por região, para cada tipo de problema — todos vinhos franceses, naturalmente. Alguns exemplos: para artrite, vinhos da Alsácia, Chablis, Minervois; para bronquite, Juliénas, Moulin-à-Vent, Médoc, Muscat de Rivesaltes; diarréia, Beaujolais, Médoc, Madiran; emagrecimento, Beaune tinto, vinhos da Córsega, Pommard, Volnay; gripe, champagne sec; sonolência, Médoc, Pouilly-Fuissé, Puligny-Montrachet. Existe até vinho para combater a velhice: mais uma vez, o champagne.

Porém, a mais importante descoberta dos últimos

tempos, com respeito à relação vinho-saúde, certamente é a sua ação sobre o sistema cardiovascular. O primeiro estudo mais fundamentado quanto a esse efeito do vinho ocorreu em 1979, na Inglaterra: de dezoito países ocidentais pesquisados, descobriu-se que a incidência de infarto do miocárdio era menor nos países que consumiam mais vinho: cinco vezes mais baixa na França e na Itália. Isso ficou conhecido como "o paradoxo francês", porque é notório que, na França, é muito grande a ingestão de comidas ricas em gordura.

Embora ainda haja muito por fazer nesse terreno, está comprovado que as substâncias existentes no vinho que inibem a oxidação do LDL e estimulam a produção do HDL (o "bom colesterol") são o resveratrol e a procianidina — substâncias chamadas "flavonóides", presentes especialmente no vinho tinto. Além disso, o resveratrol dificulta a agregação das plaquetas.

O fato é que hoje não há mais dúvidas quanto aos benefícios que o consumo moderado de vinho traz à saúde — especialmente o tinto, porque essas substâncias estão concentradas na casca da uva tinta, que participa diretamente da elaboração do vinho. Por consumo moderado, entenda-se cerca de duas taças diárias, de preferência durante as refeições.

É aconselhável começar a consumir vinho aos poucos, desde a infância, sob supervisão e controle dos responsáveis. Na Europa, principalmente, costuma-se iniciar aos 7-8 anos, adicionando-se à água uma quantidade mínima de vinho, com o objetivo de ir preparando psicologicamente a criança. Entre os 12 e os 16 anos, pode-se aumentar a dose de vinho até dois dedos por copo d'água. Até os 18 anos, admite-se uma mistura de água e vinho em partes iguais. E a partir daí, vale a dose diária recomendada para qualquer adulto saudável.

Terminologia da degustação

Abocado ou adamado — vinho levemente doce, amável.

Acastanhado — nuança de cor dos vinhos tintos, lembrando a cor da castanha ou do tijolo. Geralmente associada a vinhos envelhecidos.

Acetificado — vinho com forte presença de ácido acético ("avinagrado").

Acidez — formada pelos ácidos presentes no vinho, de origem fermentativa ou da própria uva. Em determinadas concentrações, confere ao vinho vivacidade, sapidez e frescor. Pode ser fixa — pela presença dos ácidos orgânicos (tartárico, málico, lático, cítrico) — ou volátil, proveniente do acetato de etila.

Acídulo — vinho com excesso de acidez, geralmente desagradável.

Acre — indica a sensação desagradável de excessiva acidez e tanacidade, provocando irritação das mucosas.

Adstringente — vinho com excesso de taninos, áspero, duro, que deixa na boca uma sensação de cica. É uma característica dos tintos jovens. Popularmente chamado de "rascante".

Adulterado — usa-se para indicar um vinho acrescido de substâncias estranhas à sua composição e/ou não admitidas por lei.

Afinado — vinho que evoluiu corretamente, adquirindo perfeito equilíbrio entre aromas e sabores.

Agradável — expressão usada quando o conjunto aroma-sabor está organolepticamente equilibrado.

Agressivo — vinho com excesso de acidez e adstringência, ainda jovem ou em processo de evolução.

Agridoce — grave doença do vinho, provocada por bactérias láticas que transformam os açúcares residuais em manite, provocando um sabor ao mesmo tempo acre (devido aos ácidos) e doce (pela manite), que lembra a fruta supermadura.

Agulha — sensação tátil proveniente da presença do gás carbônico, bem característica dos vinhos verdes.

Alaranjado — nuança de cor dos vinhos tintos, lembrando a cor da casca da laranja madura. Característica de vinhos envelhecidos.

Alcoólico — vinho no qual o elevado teor de álcool é percebido de maneira desarmônica, acima dos demais componentes.

Alterado — vinho que sofreu qualquer mutação de caráter físico-químico ou enzimático.

Amadurecimento — processo de evolução dos vinhos submetidos a um estágio em grande recipiente.

Amargo — um dos quatro sabores elementares, percebidos na parte posterior da língua, provocado por substâncias fenólicas, entre as quais o tanino. Doença causada por bactérias láticas, que atacam a glicerina e a transformam em acroelina, que se combinando em seguida com os polifenóis provoca amargor.

Âmbar — tonalidade de amarelo, cor típica de alguns vinhos doces envelhecidos. Nos vinhos comuns denota oxidação ou madeirização.

Ambientar — tornar o vinho compatível com a temperatura do ambiente onde será servido. O mesmo que *chambrer*.

Amplo — vinho com *bouquet* rico e com muitas nuanças, oferecendo agradáveis sensações olfato-gustativas.

Análise sensorial — exame das propriedades organolépticas do vinho através dos órgãos dos sentidos.

Ardente — vinho que provoca uma sensação tátil de causticidade ("queimação"), devido a seu alto teor alcoólico.

Aroma — conjunto de sensações percebidas diretamente por via nasal ou retronasal (através da boca). Pode ser primário ou varietal (derivado da própria uva), secundário (originário da fermentação) ou terciário (originário do envelhecimento, que em conjunto com os anteriores produz o chamado *bouquet*).

Aromático — vinho cujo aroma provém diretamente de castas aromáticas (p. ex.: Sauvignon, Malvasia, Traminer).

Arquetes ou lágrimas — efeito observado nas paredes do copo após agitação. É um fenômeno de tensão superficial, provocado pela evaporação do álcool; quanto mais amplos, menor a presença do álcool.

Áspero — vinho rico em taninos ou em acidez, bastante duro. Geralmente associado aos tintos jovens.

Atijolado — indica o vinho tinto cuja cor tende ao ocre, lembrando o vermelho-tijolo e apresentando uma tonalidade pouco vivaz. É uma característica dos vinhos envelhecidos.

Atípico — vinho que não apresenta qualquer elemento ou caráter de tipicidade.

Austero — diz-se de um grande vinho, bem estruturado e envelhecido, que manteve uma ligeira tanicidade.

Aveludado — vinho extremamente macio, lembrando a textura do veludo.

Avinagrado — que apresenta excesso de ácido acético; vinho próximo de se tornar vinagre.

Blanc de blancs — vinho branco elaborado exclusivamente com uvas brancas.

Blanc de noirs — vinho branco produzido a partir de uvas tintas.

Bouquet — conjunto de sensações olfativas adquiridas pelo vinho no ambiente reduzido da garrafa, englobando também os aromas primários e secundários. Característica dos vinhos envelhecidos.

Branco-papel — vinho quase incolor. Característica de alguns brancos jovens.

Brilhante — vinho com perfeita transparência e luminosidade. Característica dos brancos jovens.

Brut — na Comunidade Européia, termo que designa o espumante natural com teor de açúcar abaixo de 15 gramas por litro. No Brasil, de 8 a 20 gramas por litro.

Cereja — cor um pouco viva dos rosados, lembrando a cereja.

Chambrer — adaptar o vinho à temperatura ambiente.

Champagne — espumante natural produzido na região de Champagne.

Champenoise — método de espumatização que consiste em refermentar o vinho na própria garrafa. Obrigatório na região de Champagne.

Chaptalização — prática que consiste na adição ao mosto de açúcares não provenientes da uva, quando esta se apresenta pobre em açúcares naturais. Permitida apenas em alguns países, onde é prevista em lei.

Charmat — método de espumatização criado por Eugene Charmat, em que o vinho sofre a segunda fermentação em grande recipiente (autoclave).

Chato — vinho com ligeira carência de acidez fixa.

Clarete — cor mais carregada que o cereja; tonalidade dos rosados que mais se aproxima dos vinhos tintos.

Comum — vinho de consumo corrente, não distinguido por classificações especiais.

Corpo ou extrato — é constituído de todos os elementos que permanecem após a evaporação da água, do álcool e das substâncias voláteis. Na prática, é formado por taninos, ácidos, sais minerais e substâncias pécticas.

Corte — prática de cantina que consiste na mistura de dois ou mais tipos de vinho, ou de vinhos da mesma casta, porém de safras diferentes.

Cozido — sabor que adquirem certos vinhos submetidos a um processo de pasteurização mal conduzido.

Curto — vinho de pouca persistência olfato-gustativa, fugidio.

Decantar — ato de transferir o vinho da garrafa para uma jarra, com o propósito de separar os sedimentos originários do envelhecimento ou da não-filtração.

Decrépito — vinho que, por excesso de envelhecimento, apresenta-se apagado, quase sem perfumes, cor ou sabor.

Defeituoso — vinho que apresenta cheiros ou sabores estranhos, devidos geralmente à falta de higiene da cantina ou à má conservação dos recipientes utilizados.

Delicado — define um vinho elegante, gracioso, que apresenta particular harmonia e qualidade.

Demi-sec — na Comunidade Européia, diz-se do espumante com teor de açúcar entre 33 e 50 gramas por litro; no Brasil, entre 30 e 60 gramas por litro. Nos vinhos tranqüilos brasileiros, teor açucarino entre 5,1 e 20 gramas por litro.

Denso — vinho que, no aspecto visual, apresenta-se com densidade superior à da água. Característica dos vinhos doces tipo Sauternes.

Desarmônico — vinho que, pela carência ou excesso de um ou mais componentes, resulta desequilibrado do ponto de vista gustativo.

Doce — vinho no qual o sabor doce dos açúcares predomina sobre os demais sabores. Açúcares residuais acima de 50 g/l.

Duro — vinho rico em acidez fixa e taninos. Característica de tintos jovens.

Efervescente — diz-se de um vinho que desprende gás carbônico, em forma de pequenas bolhas.

Elegante — vinho muito equilibrado, fino, de classe.

Encorpado — terminologia usada em degustação para indicar um vinho rico em extrato seco (corpo).

Equilibrado — vinho em que todos os componentes estão na proporção correta, principalmente o álcool e os ácidos.

Escorregadio — vinho que apresenta densidade semelhante à da água.

Espumante — todo vinho obtido por uma segunda fermentação alcoólica (tipo champagne) ou por uma única fermentação, porém com grande formação de gás carbônico (tipo Asti). O termo é utilizado para indicar esse tipo de vinho produzido fora da região de Champagne.

Estruturado — vinho com boa presença de álcool, ácidos e taninos.

Etéreo — diz-se do perfume que apresenta característico odor de éteres. Próprio dos vinhos envelhecidos.

Evanescente — no exame dos espumantes, refere-se à espuma que desaparece rapidamente.

Fiadeiro — vinho doente, que apresenta densidade semelhante à do azeite.

Fim-de-boca — sensações finais, gustativas e olfato-gustativas, percebidas após a deglutição do vinho.

Fino — vinho de qualidade, cujas sensações olfativas e gustativas são elegantemente equilibradas.

Foxy (Foxado) — odor que caracteriza os vinhos provenientes de uvas americanas ou de híbridos produtores diretos. Lembra o cheiro vulpino.

Fragrante — vinho cujo frescor olfativo abre as mucosas nasais, dando uma sensação agradável como a hortelã.

Franco — indica um vinho que, no seu aspecto olfativo, é absolutamente isento de defeitos.

Fresco — no aspecto gustativo, refere-se ao vinho com ligeiro excesso de acidez, mas ainda assim muito agradável.

Frisante — vinho ligeiramente efervescente, com uma certa riqueza de anidrido carbônico, porém inferior à dos espumantes. Ex.: Lambrusco.

Frutado — diz-se de um vinho com aroma e gosto de frutas frescas. Característica dos vinhos jovens.

Fugidio — vinho de pouca persistência olfativa e olfato-gustativa.

Generoso — vinho de alto teor alcoólico, porém, acompanhado de uma estrutura e riqueza tais que o tornam plenamente satisfatório e tônico para o organismo. Também se usa para indicar os vinhos fortificados com aguardente vínica (tipo Porto).

Gorduroso — vinho não apenas rico em maciez, provocada pela glicerina, mas também cheio e carnoso.

Granada — cor típica dos vinhos tintos maduros, quando começam a prevalecer tons de amarelo.

Harmônico — vinho em que todos os componentes encontram-se em perfeito equilíbrio.

Herbáceo — particular indício, por vezes deselegante, que apresentam certos vinhos jovens, como o Cabernet Franc, lembrando levemente o aroma de ervas frescas.

Intenso — expressão usada para indicar vinhos ricos em matérias corantes e de bom impacto olfativo e gustativo.

Jovem — vinho que, por não ter ainda completado sua evolução, pode apresentar algum desequilíbrio.

Leve ou ligeiro — vinho com pouco corpo.

Límpido — vinho que, no exame visual, apresenta-se totalmente isento de partículas em suspensão.

Macio — designa o vinho com bom teor de glicerina, justamente alcoólico e com pouca acidez.

Madeirizado — vinho no qual a oxidação levou não só a um escurecimento da cor, mas também à formação de um cheiro característico de aldeídos. Nos vinhos do tipo Madeira e Marsala é um caráter de tipicidade.

Maduro — vinho que, em sua evolução, atingiu um estágio ideal, com pleno desenvolvimento das características organolépticas.

Magro — vinho pobre em extrato seco. Se não apresentar desequilíbrio, pode ser agradável.

Mercaptano — odor desagradável, devido à formação de compostos sulfurosos. Em francês, *merde de poulet*.

Metálico — sabor defeituoso conferido ao vinho por certos metais como o cobre e o ferro

Mofo — defeito provocado por um excesso de umidade causado por bactérias, transmitido ao vinho por tonéis em mau estado de conservação ou através da rolha.

Mole — vinho ao qual faltam totalmente acidez e vivacidade.

Mosto — líquido denso e muito doce, obtido do esmagamento da uva fresca, e que ainda não sofreu fermentação.

Nervoso — vinho no qual a riqueza de acidez impressiona viva e favoravelmente os órgãos dos sentidos.

Nítido — diz-se de um perfume com uma só nuança bem definida ou de um gosto único e bem caracterizado.

Opalescente — usa-se para indicar um vinho, em particular branco, levemente velado.

Ouro — tonalidade do amarelo própria de certos vinhos brancos, apresentando nuanças que vão do claro ao ouro-antigo.

Oxidado — vinho alterado em suas características visuais, olfativas e gustativas pelo contato com o ar. A cor fica mais escura que o normal e a acidez tem uma queda acentuada, com uma tendência para o madeirizado.

Palha — tonalidade do amarelo própria dos vinhos brancos, pode ser clara ou carregada.

Pastoso — diz-se de um vinho espesso, gordo e muito doce, que na boca dá a sensação de untuosidade enjoativa.

Pele de cebola — nuança de cor dos vinhos rosados.

Persistência — conjunto de sensações olfato-gustativas percebidas após a deglutição do vinho, que podem ser medidas em segundos.

Pronto — vinho que está apto a ser consumido.

Pungente — sensação percebida na boca, causada pela elevada concentração de anidrido carbônico, pela causticidade provocada pelo álcool ou pelo excesso de anidrido sulfuroso.

Púrpura — tonalidade dos vinhos tintos, lembrando o vermelho intenso com tendência ao violeta.

Quente — vinho justamente alcoólico, que provoca uma agradável sensação de calor.

Rançoso — vinho que apresenta sensações desagradáveis provocadas por alterações microbianas, caracterizadas por um gosto de manteiga azeda.

Redondo — vinho rico em glicerina, álcoois e açúcares residuais, quase sempre junto a uma moderada acidez e escasso teor de taninos, que o tornam extremamente macio.

Resinoso — vinho que apresenta sensações de resinas vegetais.

Retrogosto — conjunto de sensações finais, percebidas depois que o vinho foi deglutido.

Rolha — defeito transmitido ao vinho pela rolha atacada pela *Armilaria mellea*. Em francês, diz-se que o vinho está *bouchonné*.

Rubi — tonalidade típica dos vinhos tintos maduros.

Salgado — anomalia apresentada por certos vinhos ricos em sais minerais.

Sápido — vinho agradável pela justa quantidade de ácidos e de sais minerais.

Seco — pela legislação brasileira, é o vinho que apresenta um máximo de 5 g/l de açúcares residuais.

Suave — pela legislação brasileira, é o vinho que apresenta acima de 20,1 g/l de açúcares residuais. Termo empregado exclusivamente para designar o grau de doçura do vinho.

Sulfídrico — defeito caracterizado pelo cheiro de ovos podres.

Sutil — diz-se de um perfume muito ligeiro ou de um vinho que oferece poucas e fracas sensações gustativas.

Tânico — vinho rico em taninos, encontrados principalmente nos tintos jovens; o mesmo que adstringente.

Tênue — vinho de pouca intensidade olfativa.

Típico — vinho no qual os caracteres de tipicidade são decisivamente marcados.

Transparência — característica visual essencial a todos os vinhos de qualidade, brancos ou tintos. Na prática, um vinho é transparente quando permite a visão de um objeto colocado atrás do copo. Não deve ser confundida com limpidez.

Turvo — vinho com limpidez totalmente alterada, com grande quantidade de substâncias coloidais em suspensão.

Velado — vinho com pouca limpidez.

Velho — vinho que atingiu o último estágio de sua evolução e que ainda mantém características organolépticas apreciáveis. Vinho envelhecido.

Verdeal — tonalidade dos vinhos brancos em que prevalecem notas esverdeadas.

Vinoso — característica dos vinhos jovens, lembrando o cheiro do mosto da uva.

Vivo — vinho com ligeiro excesso de acidez, porém ainda agradável.

Bibliografia

Amati, Aureliano, Ribereau-Gayon, Jean, Peynaud, Emile, Ribereau-Gayon, Pascal e Sudraud, Pierre — AEB, 1980. *Trattato di scienza e tecnica enologica, vol. III.*

Amarante, José Osvaldo Albano do. *Vinho e vinícolas do Brasil*, Summus, 1986.

Arruda, Carlos José Silva, Sousa Neto, Júlio Anselmo de. *Guia dos vinhos brasileiros 2001*, Market Press, 2001.

Bossi, Giancarlo. *Teoria e pratica della degustazione dei vini*,Dyanthus, 1983, 2.ª edição.

Cataluña, Ernesto. *Uvas e vinhos*, Globo, 1984.

Fregoni, Mario. *Nutrizione e fertilizzazione della vite*, Edagricole, 1980.

Gonçalves, Francisco Esteves. *Dicionário do vinho,* Novotipo, 1986.

Jornal Bon Vivant, diversos números.

Lona, Adolfo Alberto. *Vinhos: degustação, elaboração e serviço*, AGE, 1996.

Monastersky, Raúl. *Simposio Internacional El Vino y la Salud*, INV, 1987.

O cultivo da videira (Informações Básicas), Embrapa, 1984.

Peynaud, Emile. *Le Goût du Vin*, Dunod, 1980.

Ratti, Renato. *Como degustar os vinhos*, AEB, 1984.

Real, Mauro Côrte. *A arte de beber vinhos*, Sulina, 1984

Sicheri, Giuseppe. *Il Vino: 100 domande e 100 risposte*, Hoepli, 1987.

Este livro foi impresso nas oficinas da
Distribuidora Record de Serviços de Imprensa S.A.
Rua Argentina, 171 – São Cristóvão – Rio de Janeiro, RJ
para a
Editora José Olympio Ltda.
em abril de 2010

*

78º aniversário desta Casa de livros, fundada em 29.11.1931